Andreas Winter

Müssen macht müde – Wollen macht wach!

Der Motivationsratgeber

Haben Sie Fragen an Andreas Winter?
Anregungen zum Buch?
Erfahrungen, die Sie mit anderen teilen möchten?

Nutzen Sie unser Internetforum:
www.mankau-verlag.de/forum

Bibliografische Information der Deutschen Nationalbibliothek
Die Deutsche Nationalbibliothek verzeichnet diese Publikation in der
Deutschen Nationalbibliografie; detaillierte bibliografische Daten sind im
Internet über http://dnb.d-nb.de abrufbar.

Andreas Winter
Müssen macht müde – Wollen macht wach!
Der Motivationsratgeber
ISBN 978-3-86374-442-7
1. Auflage Februar 2018

Mankau Verlag GmbH
D-82418 Murnau a. Staffelsee
Im Netz: www.mankau-verlag.de
Internetforum: www.mankau-verlag.de/forum

Lektorat: Josef K. Pöllath, Dachau
Endkorrektorat: Susanne Langer M. A., Germering
Umschlag: Andrea Barth, Guter Punkt GmbH & Co. KG, München
Gestaltung Innenteil: Mankau Verlag GmbH

Illustration Cover: Kilta Angela Kuchenmüller, Böblingen
Illustrationen Innenteil: Can Stock Photo / Lonely11 (8); Can Stock Photo /
Choreograph (14/15); Can Stock Photo / ra2studio (36/37); Can Stock
Photo / racorn (44/45); Can Stock Photo / EpicStockMedia (54/55); Can
Stock Photo / SergeyNivens (66/67); Can Stock Photo / dotshock (76/77);
Can Stock Photo / dolgachov (98/99); Colourbox.de (112); Can Stock Photo /
aikidoki (116/117)

Energ. Beratung: Gerhard Albustin, Raum & Form, Winhöring

Druck: Druckerei C. H. Beck, Nördlingen

Wichtiger Hinweis des Verlags:
Der Autor hat bei der Erstellung dieses Buches Informationen und Ratschläge
mit Sorgfalt recherchiert und geprüft, dennoch erfolgen alle Angaben ohne
Gewähr; Verlag und Autor können keinerlei Haftung für etwaige Schäden
oder Nachteile übernehmen, die sich aus der praktischen Umsetzung der
in diesem Buch dargestellten Inhalte ergeben. Bitte respektieren Sie die
Grenzen der Selbstbehandlung, und suchen Sie bei Erkrankungen einen
erfahrenen Arzt oder Heilpraktiker auf.

ACHTUNG:

*DIESES BUCH DIENT NICHT
DER UNTERHALTUNG ODER
LEICHTEN LEKTÜRE.
ES IST EIN RATGEBER,
DER IHR LEBEN RADIKAL
VERÄNDERN KANN!*

Inhalt

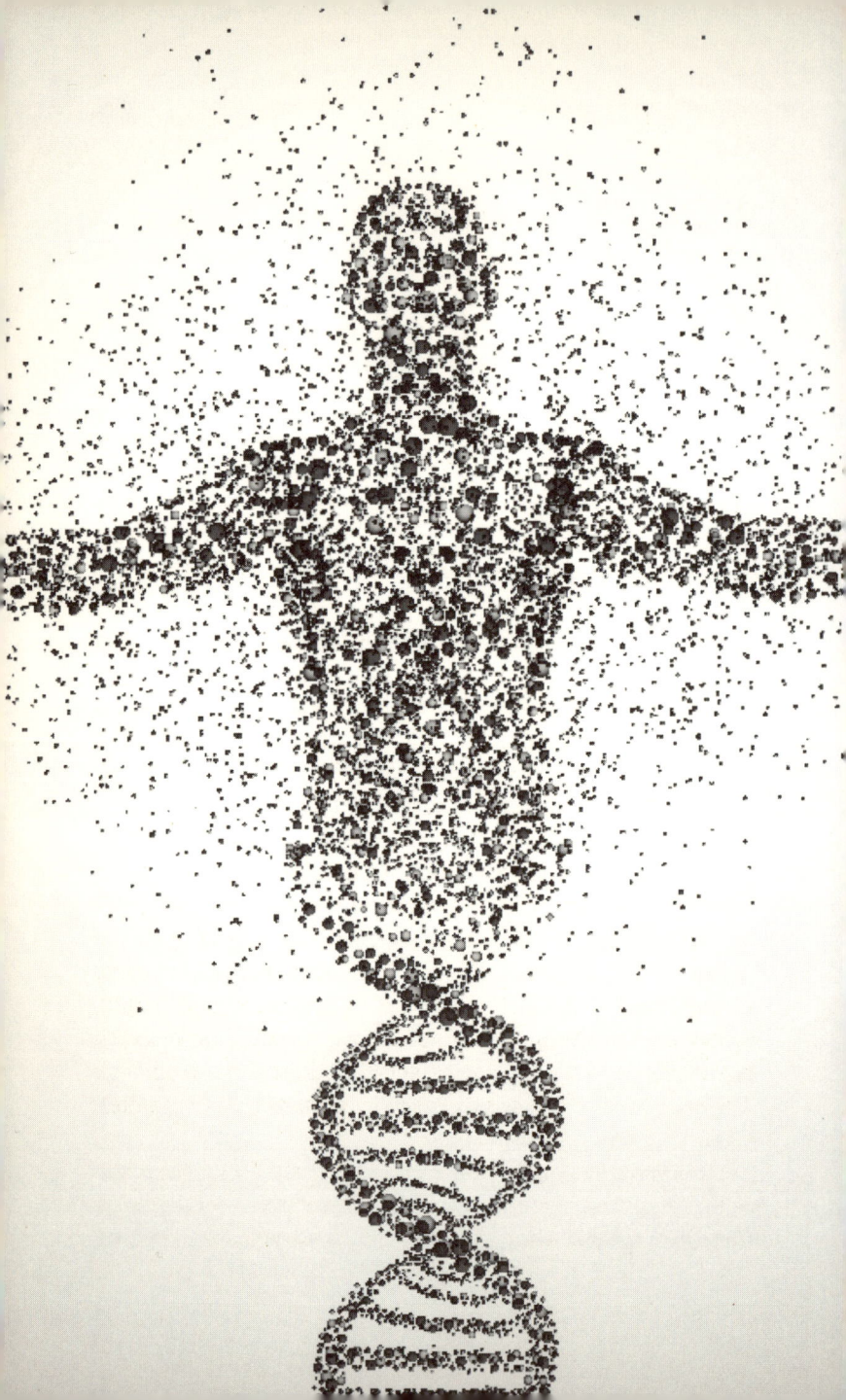

Vorwort von
Dieter Broers

Ich begegnete Andreas Winter zum ersten Mal im Oktober 2017 in Regen. Regen ist ein kleiner Ort in Niederbayern, in dem sich einige Hundert Freidenker mehrmals im Jahr treffen. Zu diesen sogenannten *Regentreffs* hat mich *Oliver Gerschitz*, der Veranstalter und Inhaber des OSIRIS Verlags schon mehrfach eingeladen, und ich freue mich immer, dabei alte Freunde zu treffen. Ich wusste nicht, wer Andreas Winter ist, als er auf die Bühne trat. Er war sichtlich aufgeregt, als er zu sprechen begann, aber es nahm ihm nichts von seiner Überzeugungskraft. Er sprach frei, ohne Manuskript und Power-Point-Präsentation, und zog das Publikum in den Bann. Schlüssiger und unterhaltsamer hatte ich schon lange keinen Redner mehr erlebt. Andreas Winters Gedanken und Schlussfolgerungen waren zwingend, und am Ende war das Publikum bereichert und motiviert.

Dabei hat Andreas Winter einfach nur von Dingen gesprochen, die auf der Hand liegen, die aber niemand so ernst nimmt, wie man sie nehmen sollte. Es sind die Dinge, die wir bisher immer alle einfach hingenommen haben, ohne sie zu hinterfragen. Und so geht es auch in diesem Buch um ein Thema, das uns alle angeht und zu dem wir uns verhalten *müssen.*

Die Veränderungen, die gegenwärtig auf dieser Welt vor unser aller Augen stattfinden, sind von einer überwältigenden Dimension. Schon sehr bald wird so vieles so gewaltig

anders sein, als es bisher war, dass viele nicht mehr mitkommen werden. Was wir bei dieser Entwicklung nicht vergessen dürfen, ist, dass wir es selbst waren bzw. sind, die diese Veränderungen *wollten*, weil wir alle nicht mehr Müssen wollen.

Ich lege Ihnen das vorliegende Buch von Andreas Winter daher ans Herz. Er wird Sie davon überzeugen, dass es in Ihrer Macht liegt, Ihr Leben in die Hand zu nehmen und selbst zu gestalten, welches Stück auf der Bühne Ihres Daseins als Nächstes auf dem Spielplan steht.

Dabei wünsche ich Ihnen gutes Gelingen und Andreas Winter den Erfolg, den er verdient!

Unterlembach, im Dezember 2017

Dieter Broers

Vorwort des Autors

„Du musst nur wollen!" – Diesen zynischen Rat hören viele, die sich mit den alltäglichen Pflichten, unliebsamen Aufgaben oder großen, unvermeidlichen Herausforderungen herumplagen. Aber wie soll man etwas wollen, das einen förmlich nach unten zieht? Ist der Spruch nicht eine glatte Verhöhnung derjenigen, die unter dem steigenden Druck von Arbeit, Haushaltspflichten und Alltagserwartungen leiden? Motivationsbücher gibt es wie Sand am Meer, und die Branche der „Tschakka-Gurus" boomt.

Doch Hand aufs Herz: Gehen Sie zu einer Massenveranstaltung, bei der ein hoch bezahlter Turnschuh im grauen Anzug auf einer Bühne herumspringt, nur weil Sie sich einfach nicht dazu aufraffen können, endlich einmal Ihre Garage aufzuräumen? In welchem Buch steht denn, wie Sie es schaffen, ohne Protest-Zigarette den Abwasch zu erledigen oder mit dem Hund rauszugehen? Was ist, wenn Ihre Partnerin seit Monaten darauf drängt, dass Sie den Rasen mähen oder den tropfenden Wasserhahn reparieren? Oder Sie nach der Arbeit einfach wie erschlagen auf dem Sofa landen? Was ist, wenn die Stunden der Nachtruhe einfach nicht ausreichen, um frisch und erholt ans Tagewerk zu gehen? Wenn Sie ohne eine Flasche Wein oder eine Handvoll Schlaftabletten nicht einschlafen und ohne einen Pott schwarzen Kaffee, mit dem man die Straße teeren könnte, nicht aufwachen können? Vielleicht halten Sie sich für faul

und undiszipliniert, schämen sich dafür, dass Sie nicht belastbar sind, und spielen ernsthaft mit dem Gedanken, nach Timbuktu oder Kiribati auszuwandern? Dann stimmt doch mit Ihnen eigentlich etwas nicht, oder?

Doch liegt der Fehler wirklich immer bei Ihnen, oder kann es sein, dass noch ganz andere Einflüsse in Ihrem Nervenkostüm am Werk sind? Schließlich sind Sie sicher nicht der Einzige, der darunter leidet, etwas zu müssen, zu sollen und nicht zu dürfen oder zu wollen. Das Gefühl von Pflicht, Zwang, Erwartungen, Disziplin und Anpassung kennt ja wohl so gut wie jeder. Das Gefühl, dass die Müdigkeit einen im Alltag sabotiert, haben die meisten schon hautnah kennengelernt. Ist nicht unsere gesamte Gesellschaft gestresst und überfordert? Wir werden wohl um ein paar systemkritische Töne nicht herumkommen, denn schließlich reden wir von einer ernsten Sache: Ihrer Motivation, sprich: Ihrer Lebensenergie, Ihrer Begeisterung, Ihrem Sinn des Wirkens und Handelns.

Mit diesem Buch möchte ich Ihnen zeigen, was der verborgene und sehr intelligente, aber ernste Hintergrund dieser Motivationsflaute ist – und Ihnen helfen, diese wieder zu überwinden. Dass dies geht, habe ich selbst erlebt – wie es geht, bringe ich täglich Menschen bei. Ich denke, Sie haben gute Chancen, im täglichen Leben wieder gut gelaunt und dabei hellwach zu sein! Haben Sie Lust drauf? Dann geht's los!

Das Geheimnis natürlicher Muntermacher

Es war zwei Minuten nach neun am Montagmorgen, als auf dem Schreibtisch das Telefon klingelte, das sich irgendwo zwischen Stapeln von Papier und Akten verbarg. Für gewöhnlich meldete sich Hauptkommissar *Thomas Grundmann*[1] knapp mit seinem Namen, seiner Abteilung und einem auffordernden Anheben der Stimme. Um diese Uhrzeit wollten die meisten

Anrufer eine Anzeige erstatten oder für die Schadensmeldung ihrer Versicherung das Aktenzeichen eines Falls erfragen. Manchmal waren es aber auch Kollegen, die für die Bearbeitung eines Falles eine Adresse, die Tatzeit oder weitere Angaben zur Person benötigten. Seltener kam es vor, dass ein Vorgesetzter anrief, um den Fortschritt eines *Vorgangs*, wie es im Behördendeutsch heißt, zu erfragen – und wenn, dann meist, weil die örtliche Presse Interesse daran zeigte. Das allerdings häufte sich in der letzten Zeit mehr und mehr.

Kommissar Grundmann beachtete das Telefon kaum. Sein Blick ging ins Leere. Obwohl seine Trommelfelle den unerbittlichen Signalton vernahmen, blendete sein Geist das Läuten einfach aus. Wie lange ist es her, seit er mit seiner Frau Gabi ein entspanntes Wochenende verbracht hatte? Sie liebte es, mit ihm ausgedehnte Spaziergänge an der Talsperre zu machen. Aber sie konnte es auch genießen, einfach einmal einen ganzen Sonntag mit ihm im Bett zu bleiben und nichts zu tun. Es ist lange her. Zu lange. Die Arbeit wurde einfach immer mehr. Auch am Wochenende. Der Druck in der Behörde stieg gewaltig. Bald waren die gemeinsam verbrachten freien Tage nur noch Erinnerungen, die langsam verblassten. Wie lange ist es her, seit sie ihn verlassen hatte? Noch nicht einmal für einen anderen Mann, sagte sie. Nein, sie ging, weil sie ohnehin immer einsam gewesen war. Da könne sie besser gleich ganz alleine sein, dann vermisse sie ihn wenigstens nicht. Das waren ihre schmerzlichen Worte, die in seinem leeren Kopf widerhallten. Das Telefon schrillte weiter. Die Papierstapel, die Aktenordner und die unzähligen Notizzettel begannen vor den Augen des Kommissars zu tanzen und leicht zu verschwimmen. Der eins achtzig große Mann war im 23. Dienstjahr. Nun saß er da und spürte, wie er anfing zu zittern und zu schluchzen, bis er schließlich hemmungslos weinte wie ein Kind. Statt zum Telefon zu greifen, das noch immer schrillte, griff Grundmann in die Schublade, wo neben der Dienstpistole eine leere und eine volle Flasche Schnaps lagen. Dann wurde es ruhig.

Der Arzt sprach davon, dass Grundmann zunächst einmal zwei Wochen Pause brauche. Das sei bei einem Burn-out-Syndrom der übliche Zeitraum, um „erst mal wieder auf den Teppich zu kommen", wie er es nannte. „Morgens zwei und abends eine", sollte Grundmann von den Pillen nehmen, die er bekam. „Aber mit viel Wasser", ermahnte der Mediziner. Er wolle kein Nierenversagen riskieren. Das Medikament, ein Serotonin-Wiederaufnahme-Hemmer, greift in den Hirnstoffwechsel ein und soll beim Patienten eine Stimmungsaufhellung bewirken. Serotonin, ein Botenstoff, von dem Grundmann offenbar zu wenig hatte, wird durch den Erwartungsdruck, der auf einem lastet, verbraucht. Stresshormone hindern die Hirnanhangsdrüse zudem an der Produktion dieses kostbaren Neurotransmitters, der für das Wachbewusstsein gebraucht wird. Das Absinken von Serotonin macht sich durch Müdigkeit oder Konzentrationsstörungen bemerkbar, etwa im Schulunterricht, wenn der Stoff langweilig erscheint, oder auch beim Ausüben unliebsamer Pflichten. Ein chronisches Defizit dieses und weiterer Botenstoffe führt zur Depression – „männertauglich" auch *Burn-out-Syndrom* genannt.

Serotonin ist entwicklungsgeschichtlich ein Klassiker. Das in der Tier- und Pflanzenwelt seit Urzeiten weitverbreitete Hormon kann durch serotoninhaltige Nahrungsmittel wie etwa Kakao, Nüsse und Bananen aufgenommen werden. Es heißt, Kakao oder Schokolade mache angeblich glücklich. Jedoch durchdringt die nutrigene Form von Serotonin gar nicht die Blut-Hirn-Schranke und bleibt somit für unser

Gehirn unerreichbar. Im Magen-Darm-Trakt reguliert das Hormon lediglich die zur Verdauung notwendige Darmbewegung. Die wohlbekannte stimmungsaufhellende Wirkung von Schokolade liegt sicher nicht am Serotonin, sondern daran, dass wir gelernt haben, Schoki wäre eine Belohnung und ein Liebesbeweis. Depressionen können allerdings und folgerichtig zu Störungen im Verdauungssystem führen, weil auch im Bauch ohne den kostbaren Stoff nichts funktioniert. Ernährungsumstellungen können zwar einen leicht positiven Einfluss haben, entscheidend für die psychische Belastbarkeit ist jedoch das Serotonin im Gehirn. Daher der pharmakologische Versuch, die Aufnahme des Hormons in den Nervenzellen zu verzögern, um dessen Wirkung länger zur Verfügung zu haben. Serotonin-Wiederaufnahme-Hemmer sind allerdings nicht ungefährlich. In einer Studie des *Nordic Cochrane Centre* in Dänemark untersuchten Forscher die Auswirkungen von Antidepressiva. Sie konnten belegen, dass in den Industrieländern im Zeitraum der letzten zehn Jahre rund fünf Millionen Menschen durch psychiatrische Medikamente zu Tode gekommen sind.

Erzeugt werden Endorphine, die sogenannten Glückshormone, zu denen Serotonin gehört, durch Spaß und Begeisterung, also durch die sinnhafte Identifikation mit dem Erlebten.

Es ist also das *Müssen*, das müde und letztlich krank macht; *Wollen* hingegen macht wach!

Für Grundmann waren die Aktenberge auf seinem Schreibtisch nur noch mit Schnaps zu ertragen, obwohl diese im Vergleich zu echten Bergen in der Landschaft, die für Menschen zu einer Lebensgefahr werden können, doch eigentlich – nüchtern betrachtet – völlig harmlos sind.

Der deutsche Profibergsteiger *Thomas Huber* ist – genauso wie sein jüngerer Bruder *Alexander Huber* – als Extremkletterer bekannt. Nicht nur das Besteigen großer Höhen ohne Hilfsmittel, sondern vor allem das Speedklettern gehört zu seinem Markenzeichen; mehrere Rekorde hat er dabei erzielt. So schnell wie möglich einen hohen, steilen Berg zu erklimmen – fällt man nicht schon allein beim Gedanken daran ins Koma? Die „Huaberbuam" jedenfalls sind beim Klettern kaum zu bremsen. Nur kurze Zeit nach einer schweren Unfallverletzung durch einen Absturz bei Dreharbeiten im Juli 2016 bezwang Thomas Huber den Berg Latok in Pakistan, einen Siebentausender. Von Müdigkeit keine Spur. Das Bezwingen von Bergen scheint Alpinisten eher zu beflügeln. Da sollte ein bisschen Papier auf dem Schreibtisch doch eigentlich für niemanden ein ernstes Hindernis sein, oder etwa doch? Kommissar Grundmann jedenfalls war für rund drei Monate außer Gefecht, bis er schließlich zu mir in die Praxis kam. Bei ihm zog eine Katastrophe die nächste nach sich: Müdigkeit, Gereiztheit, Partnerschaftsverlust, Burnout, Alkoholismus. Ein fataler Dominoeffekt. Wir konnten diesen erfreulicherweise in kurzer Zeit stoppen, was für den Polizisten eine enorme Erleichterung bedeutete.

Doch Dominoeffekte sind bei Menschen nicht zwangsläufig unerwünscht, wie der Niederländer *Robin Paul Weijers* zeigt. Dieser hat sogar eine Vorliebe für Kettenreaktionen. Weijers organisierte bis 2014 den sogenannten *Domino Day*, eine Veranstaltung, bei der es galt, möglichst viele Rekorde mit umfallenden Dominosteinen aufzustellen. Um beispielsweise 500.000 Dominos in wenigen Sekunden zum Umfallen zu bringen, benötigt man eine Aufbauzeit von vielen Wochen – und wehe, es kippt zwischendurch ein Stein um, dann

beginnt die Fleißarbeit von vorne. Monatelang Dominos aufstellen, die in Sekunden umfallen – das könnte glatt eine moderne Version des Fegefeuers für Kapitalverbrecher sein. Ist
es aber nicht, denn Robin Paul Weijers liebt sein Hobby. Bis
tief in die Nacht, oft bis in die frühen Morgen, dauern die
Aufbauten der kunstvollen Dominobilder. Von *Müssen* kann
da keine Rede sein. Vielmehr wird auch hier deutlich: *Wollen*
heißt das Geheimnis eines jeden Muntermachers! Das Sichabgeschlagen-und-ausgebrannt-Fühlen hat also nichts mit
der Tätigkeit und dem Energieverbrauch zu tun, sondern mit
der inneren Einstellung.

Und darin liegt die Lösung! Selbst die zu erwartenden Rückenschmerzen beim Aufstellen Zigtausender Dominosteine
scheinen einen Menschen nicht daran zu hindern, hellwach
und fokussiert Höchstleistungen zu vollbringen. Das zeigt
auch das Beispiel des Ex-Waldshuter Bandscheibenvorfall-
Patienten *Rolf Heck*. Der damals 47-Jährige stellte im März
1990 einen Weltrekord auf, als er 31.250 Liegestützen innerhalb von 24 Stunden absolvierte. Eigentlich hatte er durch
Liegestützen nur seine Bandscheibenschmerzen lindern
wollen; aber in der Folge wurde sein Ehrgeiz geweckt, ins
Guinness-Buch der Rekorde aufgenommen zu werden. Bei
dieser hohen Anzahl sportlicher Bewegungen keinen Komplettzusammenbruch zu bekommen, geht nur durch die effektivste Droge der Welt: Begeisterung! Und diese scheint
keine Grenzen zu kennen: Den atemberaubenden Rekord
von Rolf Heck brach der Amerikaner *Charles Servizio* 1993
mit 46.001 Push-ups an einem Tag! Das geht sicher nicht,
wenn man das *muss*!
    Und Sie lesen dieses Buch, obwohl Sie wahrscheinlich weder sieben Kilometer hohe Berge besteigen noch Hunderttau-

sende von Dominosteinen aufstellen oder Tausende von Liegestützen machen, sondern bei einer ganz normalen täglichen
Arbeit auf die Uhr schauen und den Feierabend herbeisehnen.

Warum also können Menschen fast mühelos die un-
glaublichsten Dinge vollbringen, während die ganz normale
Arbeit in der Firma einen Menschen müde, erschöpft, ja sogar chronisch krank macht? Wie kommt man an diese innere Einstellung der Begeisterung, und warum fehlt sie uns oft
im Alltag?

Im Coachingtermin mit Herrn Grundmann kam jedenfalls Erstaunliches heraus: Als Junge musste er für seinen
kleinen Bruder Vaterersatz sein. Aufpassen, aufräumen,
Aufmerksamkeit schenken – der kleine Thomas lernte, keine Pause zu machen, weil er sonst seine überforderte, allein-
stehende Mutter enttäuscht hätte. Grundmann war darauf
konditioniert, bis zum Umfallen seinen Mann zu stehen.
Dieses Muster hielt sich bis ins Erwachsenenalter und kos-
tete ihn letztlich seine Gesundheit. Und damit war mein Klient nicht allein.

Was programmiert die innere Uhr?

Schätzungen gehen davon aus, dass in Deutschland zehn bis
25 Prozent aller Erwerbstätigen bereits am Burn-out-Syndrom
gelitten haben, jeder Neunte gilt als behandlungsbedürftig.
Es beginnt meist harmlos, unauffällig und schleichend. Die
Erleichterung darüber, dass endlich Feierabend ist, und das
Gefühl, morgens zunehmend schlechter wach zu werden,
sind deutliche Vorboten. Doch es steigert sich: Gereiztheit
wechselt sich mit Niedergeschlagenheit ab. Antriebslos und
überfordert bringt man den Tag hinter sich. Nicht nur der

Arbeitstag, nein, der ganze Tag, das ganze Leben erscheint plötzlich wie ein hoher Berg, den man nicht mehr bewältigen kann. Alkohol und Tabletten sind Strohhalme, an die man sich klammern möchte, im Wissen darum, dass einen nichts mehr vor dem Untergang retten kann.

Das Syndrom ist vielschichtig und facettenreich. Hektik, Wutanfälle, langes Vor-sich-hin-Starren und Sekundenschlaf gehören dazu. Wie im Falle von Thomas Grundmann macht das Läuten des Telefons Angst, es erzeugt sogar körperliche Schmerzen. Jede kleinste neue Anforderung ist wie der berühmte letzte Tropfen, der das Fass zum Überlaufen bringt. Glück hat, wer noch in der Lage ist, weinen zu können – das entlastet wenigstens etwas. Und immer wieder überfällt einen die unberechenbare Müdigkeit: morgens, mittags, nachmittags. Interessanterweise berichten viele Menschen mit Erschöpfungszuständen, dass sie sich am Abend, wenn üblicherweise langsam die Nachtruhe eintreten sollte, noch am leistungsfähigsten fühlen, dass sie teilweise bis tief in die Nacht hinein wach liegen und paradoxerweise nicht schlafen können.

Was aber macht den Tag zur Qual und die Nacht zur Kür?

Die Ursache liegt im Verborgenen: Meistens ist es eine tief sitzende Angst vor Ablehnung, erzeugt im frühen Kindesalter, die mit eiserner Disziplin überspielt wurde. Es ist das Gefühl, nicht zu genügen, sich durch Leistung eine Existenzberechtigung erarbeiten zu müssen. Fehlendes Selbstwertgefühl ist ein wichtiger Grund, der aus einem Menschen eine *Pflichterfüllungsmaschine* macht, die viel zu lang schon hochtourig läuft und einen seelischen Kolbenfresser entwickelt. Bloß nicht nachlassen, nur nicht versagen, auf keinen Fall Schwäche zeigen – das ist es, was den Motor zum Qualmen bringt. Herzprobleme und Suizidgedanken sind naheliegend. Botenstoffe wie Serotonin, Noradrenalin und Dopamin, die dringend für Antriebsstärke und Leistungsfähigkeit gebraucht werden, sind dann nicht mehr ausreichend im Gehirn des Betroffenen vorhanden.

Selbstverständlich ist ein Gefühl von Müdigkeit noch lange nicht pathologisch. Schließlich werden wir ja alle täglich müde und müssen schlafen. Chronischer Schlafentzug macht krank. Wir brauchen unseren Schlaf. Aber wie viel Schlaf brauchen wir? Und vor allem, wann und aus welchem Grund? Rund 33 Prozent unseres Lebens verschlafen wir, Katzen sogar doppelt so viel. Würden wir auf Dauer täglich nur drei Stunden zur Ruhe kommen, bekämen wir ohne spezielle Anpassung daran ein ausgewachsenes gesundheitliches Problem. Es gibt zwar Menschen, die mit wenigen Stunden Schlaf pro Tag auskommen, doch ist dies eher die Ausnahme. So soll der französische General und Kaiser *Napoleon Bonaparte* (1769–1821) nur vier Stunden am Tag geschlafen haben, während dem deutschen Physiker *Albert Einstein* (1879–1955) 12 bis 14 Stunden Schlaf nachgesagt werden.

Erdhörnchen schlafen im Jahr ganze neun Monate. Das ist sicher beneidenswert in den Augen aller, die mit Schlafstörungen zu kämpfen haben. Aber wenn wir verdächtig oft müde sind, wenn wir zu Tageszeiten mit dem Schlaf kämpfen, an denen wir eigentlich fit sein sollten, dann stimmt etwas nicht.

Interessanterweise sind Schlaf und Müdigkeit in unseren Breiten gesellschaftlich verpönt. Wir beschimpfen unsere Mitmenschen als *Schlafmütze*, *Penner* und *Faultier*. Wir ermahnen: „Schlaf nicht ein!", „Träum nicht herum" – und verweisen mit Sprichwörtern wie „Morgenstund' hat Gold im Mund!" oder „Der frühe Vogel fängt den Wurm" darauf, dass morgens von uns Leistungsbereitschaft erwartet wird. Mit

Ausdrücken wie *Nachteule, Nachtschattengewächs* oder *Nachtschwärmer* wird abwertend ausgedrückt, dass die Nacht zum Schlafen genutzt werden sollte – und nicht etwa zum Vergnügen! Dem Phänomen, dass es auch nachtaktive Menschen gibt, deren Leistungskurve am Nachmittag erst ansteigt und morgens ganz unten ist, wird damit nicht Rechnung getragen. Die medizinische Forschung jedenfalls konnte noch nicht alle damit verbundenen Rätsel lösen. Der Nobelpreis für Medizin ging im Jahr 2017 an die drei amerikanischen Forscher *Jeffrey C. Hall, Michael Rosbash* und *Michael W. Young.* Sie wiesen ein Protein im Körper nach, welches als sogenannte *Innere Uhr* unabhängig vom Tageslicht und einer Zeitumstellung das Schlafhormon Melatonin reguliert. Dieses Taktgeber-Molekül, welches die Preisträger entdeckten, soll angeblich dafür sorgen, dass sich der Organismus an die Drehung der Erde ankoppelt und uns morgens munter und abends müde macht. Ob wir wirklich alle so programmiert sind, darf man allerdings infrage stellen.

Der in Rumänien geborene Wissenschaftler *Franz Halberg* (1919–2013) entdeckte und benannte den für das Leben wichtigen zirkadianen Rhythmus und erkannte Zyklen vieler anderer Längen, z. B. wöchentliche, monatliche, jährliche sowie Sonnen-, Mond- und andere Zyklen. Professor Halberg verdanken wir die Erkenntnis, dass die Synchronisierung dieser Zyklen zwar genetisch angelegt, aber eben nicht starr festgelegt ist. Sie können durch unsere Lebensweise beeinflusst werden. Man ist nicht durch Vererbung entweder eine Lerche (Morgenmensch) oder eine Eule (Nachtmensch), sondern kann dies durchaus verändern.

Diese Erfahrung musste auch der siebenjährige *Marco* machen. Wie viele Kinder hörte auch er Abend für Abend den

Satz: „Ab ins Bett mit dir!" So gut wie am Ende jedes Tages hatte seine Mutter Martina große Mühe, ihn zu bändigen. Der Junge erfand stets neue Ausreden, warum er einfach nicht schlafen gehen wollte. *Pipimachen, Hunger, Durst* oder *noch eine Geschichte hören* gehörten zu seinem Standardrepertoire, mit dem er die Schlafenszeit hinauszuzögern versuchte. Hingegen war der Zweitklässler am Morgen wie in Narkose, wenn es darum ging, endlich aufzustehen und zur Schule zu gehen. Es reichte nicht, dass der Wecker Sturm klingelte, meistens musste Martina ihren Sprössling eindringlich auffordern, endlich aus den Federn zu kommen. Dementsprechend energisch bestand sie auch darauf, dass Marco sich an die Zu-Bett-geh-Zeit hielt. Doch der Protest war stets vorprogrammiert.

Vor Kurzem bekamen die Eltern vom Kinderarzt die Diagnose *ADHS* für ihren Sohn. Gewundert hat sie das nicht, war er doch schon von klein auf eher quirlig und überaus aufgeweckt. Nur in der Schule ging es nach kurzem Glanzstart steil bergab mit seinen Leistungen. Robert, ein Arzt und Freund der Familie, wusste Rat. Ein Medikament mit dem Wirkstoff Methylphenidat, bekannt als Ritalin, sollte Marcos Hirnstoffwechsel regulieren. Wie lange der Junge das Medikament braucht, um geheilt zu sein, konnte der Mediziner allerdings nicht mit Bestimmtheit sagen. Auch Martinas bange Frage, ob das Betäubungsmittel Ritalin nicht die Parkinson'sche Krankheit im Alter begünstige, wie der Göttinger Hirnforscher *Gerald Hüther* nachgewiesen hat, konnte der Arzt nicht beantworten. Ebenso wenig wie die Frage, warum Marco einerseits so aufgedreht war, andererseits in der Schule manchmal fast einschlief.

Dabei ist die Antwort relativ leicht zu finden, wenn man es fertigbringt, einen Faktor mit in die Gleichung einzubringen, der in der Medizin, in der Psychiatrie, in der Pädagogik, ja sogar in der Psychologie entweder abgelehnt oder zumindest nicht ernst genommen wird, weil er wissenschaftlich nicht fassbar scheint: Es ist der Faktor der *subjektiven*, emotionalen Bewertung. So ist nämlich entscheidend, wie ein Mensch das, was er erlebt, *interpretiert*. Dieser Faktor schließt die viel bemühte *Objektivität* im menschlichen Verhalten kategorisch aus. Menschen sind keine Objekte. Sie sind keine biochemische Maschine. Menschen sind auf einer formalen Ebene sicherlich gleich, haben aber eine individuelle Persönlichkeit, so unterschiedlich wie ein Fingerabdruck. Menschen haben zudem ein Unterbewusstsein. Dieses läuft wie ein *Hintergrundprogramm*, das darüber entscheidet, aus welchem Grund man etwas tut oder unterlässt. Diese Entscheidung hat einen derart immensen Einfluss auf unseren gesamten Hirnstoffwechsel, dass es meiner Ansicht nach an einen grob fahrlässigen Kunstfehler grenzt, den subjektiven Faktor unberücksichtigt zu lassen. Es sind nämlich nicht die rationalen, bewussten Entscheidungen, die unser Verhalten steuern, sondern ganz im Gegenteil: die Emotionen. Sie arbeiten im Unterbewussten und steuern den Hormon- und Neurotransmitterhaushalt sowie den Stoffwechsel. Emotionen unterliegen allesamt einer persönlichen, subjektiven Bewertung und lassen Botenstoffe ausschütten – oder auch wieder einstellen. Es macht somit einen großen Unterschied, ob ich glaube, etwas tun zu müssen, oder ob ich etwas tun will!

Der Vorsitzende des Bremer Hausärzteverbandes, *Dr. med. Hans-Michael Mühlenfeld*, glaubt, mögliche Ursachen für Müdigkeit könnten ein extrem langsamer Herzschlag, Blutarmut, Diabetes, Schilddrüsenprobleme oder das Schlaf-Apnoe-Syndrom sein. Zudem könnten Medikamente ebenso müde machen wie übermäßiger Alkoholkonsum. Dr. Mühlenfeld gibt aber unumwunden zu bedenken, es ließe sich oftmals für Müdigkeit keine körperliche Ursache finden; eher seien wohl psychische Belastungen, wie ständiger Stress in der Arbeit oder Angststörungen, Gründe für Erschöpfung.

Marco jedenfalls hatte rasch die Erfahrung gemacht, dass die Schule für ihn kein Ort des begeisternden Interesses ist, sondern dass ihm diese aufgrund des mit ihr verbundenen Erwartungsdrucks eine Menge Disziplin abverlangt. Abends jedoch wurde es für ihn immer interessant. Die Eltern waren zusammen im Wohnzimmer, und er wollte einfach mit dabei sein.

Ein weiterer Faktor ist, dass die tägliche Leistungskurve von Einflüssen während der Embryonalentwicklung beeinflusst wird. Neun Monate lang spürt das Baby im Mutterleib den Tages- und Nachtrhythmus der Mutter und reagiert entsprechend darauf. Nach der natürlichen (das heißt naturbelassenen, nicht durch Zivilisationsstress beeinflussten) Schwangerschaftsdauer von durchschnittlich 273 Tagen[2] erfolgt die Geburt innerhalb von weniger als einer Stunde nach dem Blasensprung, der vom Baby ausgelöst wird. Und zwar dann, wenn es sich wach und kräftig genug fühlt, mit einem deutlichen Stresshormonsignal die Wehen als *Befreiungsschlag* einzuleiten. Den hierdurch entstehenden Tagesrhythmus kann man bis ins hohe Alter beibehalten. Wenn die Geburt allerdings verzögert wird und daher länger dauert, muss man die Geburtsdauer beim Errechnen der Leistungskurve mit berücksichtigen.

Eine Leserin schrieb mir: „Bei meiner Tochter hatte ich um 12 Uhr mittags den Blasensprung, und geboren ist sie nachts um 1 Uhr. Doch sie ist keineswegs nachtaktiv, um die Zeit möchte sie in Ruhe schlafen. Bei meinem Sohn begannen die Wehen gegen 22 Uhr, geboren ist er morgens um 7 Uhr, und er neigt zu Nachtaktivität und hat eher wenig Ambitionen als Frühaufsteher." Nicht die faktisch vollzogene Geburt ist der Taktgeber, sondern etwas, das die Geburtswehen auslöst. Wenn Kinder sich stundenlang durch den Geburtskanal kämpfen, weil die Mutter sich zu gestresst fühlt, sich zu viele Sorgen macht, kann das übrigens traumatisch für das Kind sein. Für eine stressfreie Geburt kann man sich das Hintergrundwissen über Schwangerschaft und Geburt zunutze machen, wie es beispielsweise Kristina Marita Rumpel in ihrem Buch „FlowBirthing – Geboren aus einer Welle der Freude" beschrieben hat[3]. Sich emotional, ja sogar spirituell mit dem Baby zu verbinden, ist bei vielen Naturvölkern das probate Mittel für eine sanfte Entbindung – besser als jede Schwangerschaftsgymnastik!

Falls die Mutter sich morgens bereits von den Aufgaben des Tages überfordert fühlt und am Nachmittag erst allmählich zur Ruhe kommt, dann richtet sich das Baby im gegenläufigen Zyklus daran aus, es schläft durch den Überforderungsstress der Mutter ein und wacht dann auf, wenn sie sich etwas entspannt. Dies war bei Martina der Fall, und so wurde ihr Sohn Marco schlichtweg nachtaktiv. Ihn zu beschimpfen, weil er nicht ins Bett gehen wollte, brachte rein gar nichts – ebenso wenig wie Medikamente. Wir sprechen hier von *erlernten Schlafstörungen*. Diese haben verschiedene Ursachen, die sich aber leicht aufdecken lassen.

Ich erinnere mich an meinen 71-jährigen Klienten *Josef*. Er litt an Ein- und Durchschlafstörungen und suchte eine

Möglichkeit, von seinem jahrzehntelangen Schlaftabletten-konsum wegzukommen. Gemäß meinem tiefenpsychologischen Ansatz ging ich davon aus, dass er wahrscheinlich nicht krank war, sondern in der Nacht etwas Bedrohliches verarbeitete, was ihn am Schlafen hinderte. Und so brauchte ich bei ihm nicht lange zu suchen: Fliegerangriffe während des Krieges schreckten ihn in seiner Kindheit immer wieder aus dem Bettchen. Er musste oft nächtelang mit der Mutter im Keller ausharren, bis Entwarnung gegeben wurde. Da er nachts geboren worden war, war er ohnehin eher auf Nacht-aktivität eingestellt. Das wäre anders gewesen, wenn er morgens die Geburtswehen ausgelöst und die Geburt erlebt hätte; dann wäre er ein Frühaufsteher geworden, der abends müde ist.

Seine Schlafstörungen begannen in einer Zeit, in der seine Frau krank wurde und unter nächtlichen Herzbeklemmungen litt. Die Anfälle ließen irgendwann nach, doch niemand konnte garantieren, dass sie nicht eines Tages wiederkämen. Es gab für Josef niemals eine echte Entwarnung. Da er sich als ungewolltes Kind seiner Mutter gegenüber schuldig fühlte, so wie er es gelernt hatte, projizierte er dieses Schuldgefühl auf die Beziehung zu seiner Frau, machte sich also unterbewusst verantwortlich für ihre Herzproble-me und konnte dementsprechend nicht ruhig schlafen. Er lebte in ständiger Alarmbereitschaft. Das änderte sich, nach-dem ich ihn in einer Traumreise nachvollziehen ließ, dass seine Frau gerade *wegen* seiner Schlafprobleme beunruhigt war und damit Gefahr lief, erneut herzkrank zu werden, und sie eine Sorge weniger hätte, wenn er gut schliefe. Die Lö-sung besteht darin, dass er nun noch bis spät in die Nacht liest und ansonsten schläft wie ein Baby – ohne Schlaf-tabletten.

Der Unterschied zwischen Ruhe und Erholung

Die meisten von uns denken, sie bräuchten Schlaf ähnlich wie Essen und Trinken. Bedenkt man, dass wir Menschen gar nicht täglich zu essen brauchen (wenn wir unseren Stoffwechsel darauf einstellen), stimme ich dem sogar zu. Das Schlafbedürfnis des Menschen unterliegt enormen Schwankungen. Anders als bei Tieren ist noch nicht bekannt, wie lange ein Mensch eigentlich schlafen muss. Ein Elefant etwa braucht knapp über fünf Stunden Schlaf, eine Kuh hingegen nur vier. Ein Delfin schläft etwa zwanzig Minuten täglich, und von Thunfischen heißt es, sie würden niemals schlafen. Pottwale sind nach rund acht Minuten Schlaf wieder fit für den Tag, und Zugvögel fliegen oftmals mehrere Tage über den Atlantik, ohne zu schlafen. Es gibt den dokumentierten Fall einer Eisbärin in Alaska, die im Jahr 2008 zunächst über neun Tage lang fast 700 Kilometer geschwommen war und danach noch einmal 1.800 Kilometer über das Eis zurücklegte – ohne Schlaf! Auch Menschen ist es möglich, eine Weile ohne Schlaf auszukommen – wenn sie einen guten Grund dafür haben, wie etwa *Ken Henderson*. Der Texaner war 2012 in Seenot geraten und schwomm 30 Stunden lang. Wenn Sie nicht in Lebensgefahr, sondern verliebt sind, benötigen Sie in dieser schönen Zeit auch wesentlich weniger Schlaf als üblich.

Wie bereits erwähnt, hat die Geburtszeit einen gewaltigen Einfluss auf unsere tägliche Leistungskurve! Bei Naturvölkern kommen Menschen oft morgens bei Tagesanbruch zur Welt. Es sei denn, die Mutter mischt sich mit Sorgen, Ängsten und Anspannungen in den Geburtsablauf ein. Dann kann sich der Geburtszeitpunkt aufgrund von Stresshormonen immens verschieben. Wenn sich ein Mensch permanent unter Erwartungsdruck fühlt, wird er schneller müde, als wenn er mit einem Gefühl von Gelassenheit, Interesse und Selbstbestimmtheit durch das Leben geht. Bei Menschen sind das Schlafverhalten und das Schlafbedürfnis also völlig unterschiedlich – wie bereits vor einigen Seiten kurz angedeutet. So gibt es die sogenannten Langschläfer, zu denen zum Beispiel der britische Staatsmann *Winston Churchill* (1874–1965) zählte, und dementsprechend die Kurzschläfer, zu denen der deutsche Tierfilmer und Verhaltensforscher *Bernhard Grzimek* (1909–1987) mit fünfeinhalb Stunden Schlaf pro Nacht gehört haben soll. Aufgrund von Erfahrungen von Menschen, die ohne die Möglichkeit der Tageszeit- oder Sonnenstandskontrolle auskommen mussten (etwa Polarforscher, Astronauten im Schlaflabor oder Grubenverunglückte), zeigt sich ein interessanter Schlaf-Wach-Rhythmus: Auf einen Tag kommen etwa fünf bis sechs Stunden in Sequenzen aufgeteilter Schlaf. Das heißt jedoch nicht, dass dies der natürliche Rhythmus des Menschen sei. Ich habe Menschen kennengelernt, die monatelang aufgrund besonderer Lebensumstände jeweils nur ein bis vier Stunden am Tag schliefen, ohne nennenswerte Verhaltensauffälligkeiten zu zeigen.

Vera Brandes, Leiterin des Forschungsprogramms *Musik-Medizin* an der PMU (Paracelsus Medizinische Privatuniversität) Salzburg, Vizepräsidentin der IAMM (International Association for Music and Medicine) New York und Gründerin der Firma SANOSON in Wien entwickelte unter anderem ein spezielles Audiogerät zur Behandlung von Schlafstörungen[4]. Sie bringt mit einer ganz speziellen Art von Musik, die genau auf die Schwingungen unserer Zellen abgestimmt ist, den Körper wieder in seinen natürlichen Rhythmus. Die dafür speziell komponierte Musik wirkt dabei gezielt auf bestimmte Hirnregionen und stimuliert das autonome Nervensystem. Durch diese besondere Musik werden die Körperrhythmen re-synchronisiert, Erholungsdefizite ausgeglichen und die Herzfunktionen stabilisiert.

Vera Brandes hat sich auch sehr intensiv mit der Frage beschäftigt, in welchem Zusammenhang die menschliche Chronobiologie mit der Psyche steht. Überprüft man bei Sechzigjährigen die sogenannten Clock-Gene – das sind Gene, die die Zeiten, Rhythmen und Zyklen unserer Körperfunktionen regeln –, findet man zum Beispiel bei all denjenigen Menschen typische Veränderungen dieser Gene, die im Lauf ihres Lebens an einer Depression gelitten haben. Auch Schlafstörungen sind aus Sicht der Chronobiologie – also der Wissenschaft, die sich mit allen zeitbezogenen Aspekten der Biologie befasst (*chronos* griech. = Zeit) – ein Rhythmusproblem. *Professor Halberg* fand heraus, dass es vor allem die Menschen trifft, die einen an den Mondumlauf gekoppelten Rhythmus (lunare Ausrichtung) von 24,8 Stunden haben. Durch den Unterschied zur solaren Ausrichtung, die sich am Erdumlauf um die Sonne orientiert (24 Stunden), baut sich bei diesen Menschen im Lauf der Woche ein Defizit auf, weil von ihrem Rhythmus her jeder Tag eine knappe Stunde länger dauert als die Uhr anzeigt, aber die Nacht dafür entsprechend kürzer ist, wenn sie am nächsten Morgen zur gleichen Zeit aufstehen müssen. Manche Menschen können dies durch weckerloses Ausschlafen am Wochenende wieder kompensieren. Doch um sich auch während der Woche wohl und leistungsfähig zu fühlen, empfiehlt Vera Brandes ein sehr altmodisches Mittel, das durch sie eine wissenschaftliche Renaissance erfährt: Den *Power-Nap*, also den

Kurzzeitschlaf, auch Mittagsschlaf genannt. Alle vier Stunden sinken wir Menschen nämlich energetisch in die Knie und sollten diesem Rhythmus idealerweise eigentlich Folge leisten. Symptome wie Sekundenschlaf, *Chronic Fatigue Syndrome* oder auch Epilepsie haben demzufolge alle eines gemeinsam: eine absolute Überlastung der reizverarbeitenden Systeme, *Overload Inhibition* genannt. Die therapeutische Konsequenz ist: Weg mit der Angst vor Kontrollverlust! Beenden wir die permanente „Sprungbereitschaft" und das Dilemma zwischen „Sollen" und „Wollen". Wenn das „geistige Kammerflimmern" – wie ich die Epilepsie nenne – durch eine gründliche Ursachenanalyse abgeschaltet wird[5], ist nicht nur die Gelassenheit wieder da, sondern auch die wohldosierte Leistungsfähigkeit. Das, was uns wach macht, ist nämlich nicht der eigentliche Tiefschlaf, sondern das subjektive Gefühl von Entscheidungsfreiheit, also auch das Freisein von Erwartungsdruck, Pflichten, Disziplin, schlichtweg dem *Müssen*.

Eine Untersuchung aus Pennsylvania zeigt, dass die Tiefschlafphasen bei Lang- und Kurzschläfern gleich lang sind. Lediglich die REM-Phasen, die eigentlichen Erholungsphasen, sind unterschiedlich lang. Wahrscheinlich müssen wir hinsichtlich des Schlafs zwischen körperlicher *Ruhe* und seelischer *Erholung* unterscheiden, um das Phänomen besser fassen zu können. Schlaf ist bei Weitem nicht gleichbedeutend mit Erholung, wie sich etwa am Beispiel des Winterschlafs bei Tieren zeigt. Interessanterweise schlafen Tiere, die einen Winterschlaf halten, nach dem Aufwachen erneut ein. Offenbar benötigen sie noch zusätzlich einen Erholungsschlaf, aufgrund von Schlafmangel während der Winterruhe. An mangelnder Bewegungsruhe kann die Müdigkeit nicht liegen, wohl aber an mangelnder Erholung.

Kurzschlaf-Techniken

Als junger Erwachsener verbrachte ich den überwiegenden Teil meiner Freizeit in Diskotheken. Ich war Discjockey und blieb daher meist so lange in der Disco, bis der letzte Gast verschwunden war. Ich war immer wieder erstaunt, wie viele Menschen es schafften, frühmorgens nach einer durchgetanzten Nacht noch zur Arbeit zu gehen und erst am nächsten Abend zu schlafen. Offenbar wurde die Nacht als Endorphinquelle wahrgenommen: abtanzen – auftanken – arbeiten gehen.

Wie wenig körperliche Ruhe ein Mensch tatsächlich braucht, sieht man zum einen daran, dass das Herz, wie die meisten anderen Organe auch, kein Nickerchen macht. Dieser Muskel arbeitet ohne Probleme 24 Stunden am Tag, ein ganzes Leben lang! Zum anderen werden Sie, wenn Sie viel Sport getrieben oder Ihren Garten umgegraben haben, vielleicht danach auf dem Sofa für eine halbe Stunde einschlafen. Diese Zeitspanne reicht aus, um Ihre Zellen wieder mit ATP (Adenosintriphosphat), dem chemischen Brennstoff Ihrer Zellbatterien, zu versorgen.

Mit Kurzschlaf-Techniken (Super-Sleeping) schalten Sie Ihren *Großrechner* für ein paar Minuten auf Stand-by: Ihr Körper und Ihr Geist machen Pause und bekommen dadurch Ruhe. Ihre Immunabwehr wird nachweislich gestärkt, Ihr Stoffwechsel harmonisiert, Ihre Muskeln bekommen wieder Energie, und Sie fühlen sich erholt wie nach einem Mittagsschlaf. So etwas können Sie ganz leicht lernen, indem Sie sich aufs Sofa legen und sich fest vornehmen, zehn Minuten lang zu schlafen. Nach ein paar Versuchen klappt das in der Regel ganz gut. Der berüchtigte *Büroschlaf* ist meist auch

nichts anderes als eine Form von Ruhe, denn die erste echte Tiefschlafphase, in der man von Schlaf sprechen kann, beginnt frühestens circa 25 Minuten, nachdem Sie die Lider geschlossen haben.

Sie können Ihren Schlaf und Ihren Erholungswert selbst regulieren. Schauen Sie zunächst, warum Sie nicht gut schlafen (Geburtszeit, Traumen, Schuldgefühle), und machen Sie sich bewusst, dass Sie ein Recht auf erholsamen Schlaf und Ihren eigenen Tagesrhythmus haben. So lapidar das klingt – das reicht oftmals schon, um die Qualität des Schlafes und den damit verbundenen Erholungswert zu steigern[6].

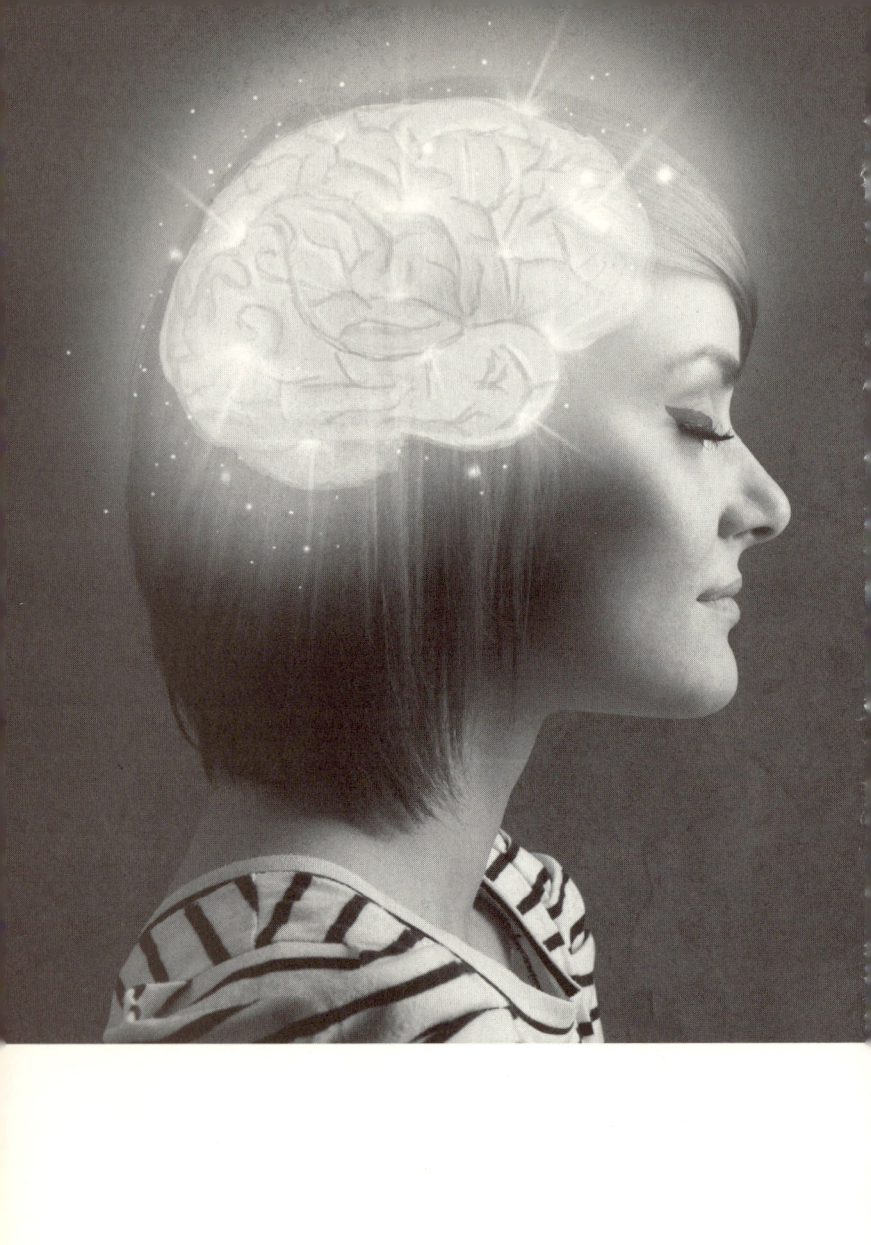

Das schlaflose Gehirn

Um zu begreifen, dass das Gehirn vielleicht rein organisch zwar bei jedem Menschen ähnlich aufgebaut ist, es aber keine zwei identisch denkenden Gehirne gibt, möchte ich zunächst auf etwas zurückkommen, das Lesern meiner anderen Bücher bereits bekannt ist: Das menschliche Gehirn besitzt etwa 100 Milliarden Nervenzellen, es besteht aus rund 80 Prozent

Wasser, hat ungefähr 1.345 ccm Volumen und wiegt circa 1,4 Kilo. Dieses Organ verbraucht mit seinen verschiedenen Arealen rund 20 Watt und damit weniger Energie als das Licht in einem Kühlschrank. Hierfür bezieht es seinen Brennstoff aus Glukose und Sauerstoff. Damit verbraucht das Gehirn immerhin 17 Prozent der Gesamtenergie des Körpers und ist damit ein *Hochleistungs-Großrechner aus Wasser.* Es kümmert sich um sämtliche Zellen und Funktionsvorgänge im Körper und schläft nie! Dennoch ist das Gehirn ein ziemlich unterschätzter Körperteil. Es ist neben dem Herz und dem Darm, die beide ebenfalls eigenständig Nervenreize verarbeiten und auch *aussenden* können (!), eine EDV-Zentrale. Dies geschieht über elektromagnetische Impulse, die Gedanken genannt werden. Für die Reizaufnahme sowie die Weitergabe und Verarbeitung von Nervenimpulsen (Erregungen) sind unsere Nervenzellen zuständig, auch Neuronen genannt.

Die gesamte Anzahl der Nervenzellen beim Menschen sollte man sich auf der Zunge zergehen lassen: Es sind etwa 1.000.000.000.000 (10^{12}), also eine Billion; und jede einzelne von ihnen baut jeweils 1.000 Verbindungen zu anderen Neuronen auf.

Neuronale Verbindungen können simultan 200 Operationen pro Sekunde ausführen, was einer maximalen Rechenleistung von bis zu 10 TeraFLOPS entspricht (dies ist etwa die Datenmenge von mehr als 2.100 gleichzeitig innerhalb von einer einzigen Sekunde ablaufenden Kinofilmen auf DVD!). Ebenso unvorstellbar hoch wie seine Rechenleistung ist die Speicherkapazität des menschlichen Gehirns: Sie wird auf ein bis vier Petabyte (1 Petabyte sind 1.024 Terabyte und rund 1 Million Gigabyte) geschätzt. Selbst wenn Sie einige Hundert Jahre alt würden, Sie könnten sich damit rein theoretisch an jede einzelne der elf Millionen Sinneswahrnehmungen, die pro Sekunde auf Sie ungefiltert einprasseln, erinnern. Ich zeige meinen Klienten manchmal in einem Test, dass sie sich sogar an das exakte Datum mit Wochentag, an welchem sie das Laufen gelernt haben, erinnern können. Oder dass sie davon berichten können, welche Kleidung der Lehrer am ersten Unterrichtstag anhatte. Das Phänomen nennt sich *Hypermnesie* und ist immer äußerst verblüffend!

Auf CD-ROM gebrannt und aufgestapelt, würde die vom Gehirn gespeicherte Datenmenge einen Turm von rund 6,8 Millionen CDs ergeben und damit eine Höhe von über 16 Kilometern erreichen – fast doppelt so hoch wie der Mount Everest. Niemand sollte also ernsthaft behaupten, er wäre dumm, vergesslich oder unfähig!

Lernen müssen macht müde

Es heißt, mit seinen Nervenzellen wäre das Gehirn fähig, mehr Schaltstellen zu bilden, als es Atome im Weltall gibt. Bei jeder einzelnen gedanklichen Aktivität verschaltet unser Gehirn ständig und immerzu weitere neuronale Zellen. Hierdurch wird Denken und Lernen erst möglich. Der genaue Grund für diese Verschaltung ist allerdings wissenschaftlich noch ungeklärt. So stellt sich zum Beispiel die Frage, warum nicht alle Nervenzellen in einer Kettenreaktion plötzlich zusammenklumpen. Wodurch werden die Verschaltungen dosiert? Warum verbinden sich unsere Gehirnzellen nur unter bestimmten Umständen? Warum lernen wir nicht alle Wörter dieses Buches inklusive Seitenzahlen auswendig, so wie ein Computer es könnte? Ich vermute, dass ein bestimmter individueller Filter, genannt *Relevanz* (die persönliche Wichtigkeit, die eine Sache in der Priorität über eine andere stellt), die Verschaltungen kontrolliert.

Einen Hinweis darauf liefert uns das Resonanzprinzip. Dabei geht es darum, dass Systeme mit ähnlicher Beschaffenheit (etwa gleichen Teilcheneigenschaften) eher in Interaktion treten als formal grundverschiedene Systeme. Gleich und Gleich gesellt sich gern. Ein möglicher Grund dafür, dass sich Neuronen dosiert verschalten, könnte also darin liegen, dass bestehende Strukturen aufgrund der Ähnlichkeit der Systembestandteile wesentlich leichter zu nutzen sind, als völlig neue zu schaffen. Beispielsweise erlernen wir unsere Muttersprache meist wesentlich leichter und schneller als eine Fremdsprache, weil wir eine extrem hohe Bereitschaft dazu entwickeln, von unseren Eltern verstanden zu werden. Relevanz oder auch Interesse ist der Weichensteller des Bewusstseins. Die Information, die mit dem geringstmöglichen Aufwand möglichst viele Verschaltungen von Nervenzellen mit einer ähnlichen chemischen Ausgangslage anregt, belegt am meisten Speicherplatz. Wird eine Nervenzelle durch einen Impuls angesteuert, so bewirkt dies in ihr eine chemische Veränderung, welche die Nachbarzellen zur Verschaltung anregt, um dieses chemische Ungleichgewicht auszugleichen, sofern die Nachbarzelle dazu chemisch in Bereitschaft ist. Relevanz schafft damit eine Art *Informationsdarwinismus*. Die Information, die mit dem chemischen Umfeld im Gehirn am besten, das heißt mit dem geringsten Widerstand, zurechtkommt, breitet sich aus. Dieser Konkurrenzkampf der Informationen könnte damit also tatsächlich biochemisch begründet werden. Neuronen verschalten sich somit selektiv und nicht willkürlich. Trifft eine Information auf ein vorhandenes Netz an Verschaltungen, ist der dadurch angeregte Lernprozess größer, als wenn eine Information neu und uninteressant ist. Wenn Sie zum Beispiel die Wörter *grau, groß* und *Rüssel* hören, denken Sie höchstwahrscheinlich sofort an einen Elefanten. Bedenken Sie nun, dass sowohl ein Ameisenbär als auch eine

Stubenfliege einen Rüssel haben und je nach Art und Perspektive als grau und groß bezeichnet werden können, dann haben Sie zwar mit den beiden weiteren Tiernamen keine neuen Informationen bekommen, aber weitere Neuronen verschaltet. Bei *grau, groß* und *Rüssel* denken Sie nun nicht mehr nur an einen Elefanten. Alte Informationen sind neu in Beziehung gebracht worden und erzeugen damit einen Lerneffekt, und zwar einen höheren, als wenn Sie völlig neue Vokabeln mit unbekanntem Inhalt lesen oder hören, wie etwa „Phyllobius sericeus" und „Idaea seriata". Selbst wenn ich Ihnen nun sage, dass die beiden Namen die lateinischen Bezeichnungen für einen Rüsselkäfer und für einen grauen Schmetterling darstellen (Falter besitzen ebenfalls einen Rüssel), dauert die Neuverschaltung der lateinischen Namen länger als die der deutschen, obwohl die Buchstaben in den Fachausdrücken ebenfalls nicht neu sind, sondern nur deren Anordnung. Diese Verschaltung der Neuronen kann enorm ermüden, wenn die Lerninhalte uninteressant, unwichtig und sinnlos erscheinen. Sobald ein wenig Bedeutung für den Gehirnbesitzer hinzukommt, lernt es sich ermüdungsfrei und wie von selbst. In einem Test habe ich einmal Probanden zehn verschiedene Kalenderdaten mit den dazugehörigen Wochentagen genannt. Die Kandidaten sollten sich nach einmaligem, raschem Hören an möglichst viele Daten erinnern. Darunter waren scheinbar bedeutungslose Daten, wie der 20.07.1969 (Sonntag) oder der 15.08.1969 (Freitag), aber auch der vorher errechnete Wochentag des 100. Geburtstags der jeweiligen Versuchsperson. Und obwohl nahezu alle anderen Daten spurlos in der geistigen Versenkung verschwanden, konnte sich jeder sofort und auf Anhieb an dieses bestimmte Datum erinnern. Der eigene hundertste Geburtstag hat eine hohe Relevanz – selbst wenn es nicht einmal sicher ist, ob man ihn tatsächlich erleben wird. Wenn ich Ihnen nun

die Zusatzinformation gebe, dass am erstgenannten Datum die erste bemannte Mondlandung stattgefunden und am zweiten Datum das Woodstock-Festival begonnen hat, haben Sie sicher auch die entsprechenden Wochentage abgespeichert. Nicht lernen macht nämlich müde, sondern lernen *müssen*.

Lernen und Fühlen im Mutterleib

Übrigens beginnt das lebenslange Lernen und Datensammeln nicht erst mit der Einschulung. Auch nicht mit der Geburt. Die ersten Nervenzellen entwickeln und verschalten sich bereits in der dritten Schwangerschaftswoche. Mit ihnen ist der Embryo in der Lage, chemische Unterschiede in seiner Umgebung zu registrieren. Allerdings gibt es in der Gebärmutter noch nicht allzu viele spürbare Unterschiede – es ist für den Embryo immer gleich warm und gleich dunkel. Doch ab diesem Zeitpunkt ist der kleine Zellknubbel, der später unser Gehirn ist, bereits in der Lage zu spüren, ob sich Stresshormone, Glückshormone, Schlafhormone oder etwa Alkohol in seiner Umgebung befinden. Nach etwa weiteren sechs Wochen nennt man diesen kleinen *Haufen* von Nervenzellen, der sich stetig weiterentwickelt, bereits Gehirn, und mit etwa fünf Monaten bekommt der Fötus eine konkrete Vorstellung davon, ob er im Bauch willkommen ist oder ungewollt. Das Kind braucht sich lediglich beim mütterlichen Organismus bemerkbar zu machen, etwa durch einen kräftigen Tritt von innen gegen die Bauchdecke – das tut es ab diesem Zeitraum für gewöhnlich –, und schon bekommt es darauf die Antwort seiner Mutter in Form von Neurotransmittern, die durch die Nabelschnur direkt zum Gehirn rasen und ihm die gleichen Gefühle ermöglichen, die seine Mutter hat, ohne die dazugehörigen Erlebnisse. Und ohne zu wissen, dass es eine Mutter überhaupt gibt, fühlt es neun Monate lang, was sie fühlt. Entweder sie freut sich, ihr Kind zu spüren, dann bekommt Letzteres einen Endorphinstoß, der als Glücksgefühl wahrgenommen wird, oder sie ist verzweifelt, weil sie gar kein Kind will, dann spürt der Embryo einen Adrenalinstoß. Das Stresshormon wird von einem Ungeborenen fast wie ein Stromschlag empfunden. Wenn das Kind ein paar Mal diese Erfahrung gemacht hat, schlussfolgert es, dass es offenbar eine ganz schlechte Idee ist, sich allzu deutlich bemerkbar zu machen. Depression und Introversion nehmen ihren Ursprung bereits vor der Geburt, bedingt durch die sich zunehmend ausbildende Verschaltungsfähigkeit, allgemein *Intelligenz* genannt. Die innere Einstellung wird also schon während der Embryonalentwicklung beeinflusst[7].

Unser Gehirn ist kein Spielzeug, sondern ein Wunderwerk, das bei jedem Computerchiphersteller Neid erzeugen könnte. Allerdings nur bis vor Kurzem, denn mittlerweile wird diese Kapazität von den Computern in Hochleistungs-Rechenzentren übertroffen! Einen solchen Supercomputer müssten Sie allerdings zehn Jahre lang rund um die Uhr selbstlernend programmieren, damit er die Reife und Erfahrung eines zehnjährigen Kindes hat. Zum Vergleich: Einer der derzeit schnellsten Rechner der Welt – BlueGene/L in Jülich – kann mit Sicherheit per Knopfdruck genau sagen, wie viele Buchstaben in diesem Buch sind. Er kann aber nicht die geringste Aussage darüber treffen, ob für ihn das Buch langweilig oder anregend ist. Ob es von Ihnen als langweilig oder anregend empfunden wird, hängt also nicht von Ihrer Rechenleistung ab, sondern von der von Ihnen bereits gespeicherten beziehungsweise noch zu Ihrer Verwirklichung benötigten Datenmenge – *Interesse* ist der Treibstoff für Ihren Erfolg und damit auch für Ihre Leistungsfähigkeit!

Reize: Grundvoraussetzung fürs Denken

Nur ein lächerlich kleiner Teil der erlebten Datenmenge kann überhaupt vom vielgepriesenen Verstand wahrgenommen und verarbeitet werden; der Rest ist unter- und unbewusst. Doch jenseits des Verstandes herrschen ganz andere Bedingungen für die Datenverarbeitung. Unser „Bewusstsein", so lautet meine Definition, „ist die absichtsvolle Hinwendung zur wahrnehmbaren Realität"[8]. Es verarbeitet damit eher Dinge, die mit der Anpassung des Selbst an die äußere Welt zu tun haben und damit der sofortigen Kontrolle unterliegen.

Nicht wahrnehmbar und damit unterbewusst sind beispielsweise die Steuerungsbefehle für Mimik und Gestik. Unbewusst, und damit noch eine Ebene tiefer, sind Vorgänge wie das Wachstum oder die Zellerneuerung. Unbewusst nehmen wir aber auch Luftdruck, Licht oder die Informationen aus homöopathischen Mitteln wahr. Unbewusstes lässt sich für die meisten Menschen nur mit dem Unterbewusstsein steuern, aber nicht mit dem Bewusstsein. Sich zum Beispiel bewusst und absichtlich neue Haare wachsen zu lassen, ist für die meisten Menschen nicht möglich. Unterbewusst geschieht so etwas schon häufiger, man kann es sogar trainieren. Das Unterbewusstsein selektiert allerdings sehr stark nach emotionaler Relevanz. Es interessiert sich weder für den Haustürschlüssel noch für die rote Ampel – es sei denn, wir beauftragen es damit. Dann geraten diese Dinge ins Bewusstsein, und wir wenden uns der wahrnehmbaren Realität zu. Unsere Gehirnzellen treten in Resonanz mit vorhandenen Nachbarzellen und verschalten sich zu einer *Arbeitseinheit*. Das ist also gar nicht so kompliziert, wie es zunächst erscheint.

Die eigentliche gedankliche Information, die unser Verhalten und Empfinden ausmacht, ist lediglich eine Änderung des Ruhepotenzials in den Nervenzellen. Durch das Öffnen von Ionenkanälen in der Zellmembran können Ionen ein- oder ausströmen und so die elektrische Ladung der Zelle verändern. Diese Ladungsänderung wird auf andere Nervenzellen übertragen und kann somit im Körper an die entsprechenden Stellen, wie etwa Muskeln, weitergeleitet werden. Unsere Nerven selbst, die diese Reize weiterleiten, ähneln Telefonkabeln, durch die Tausende von Informationen gleichzeitig laufen und an verschiedene Stellen ausgeliefert werden können.

Das Zustandekommen von Information durch elektrische Potenzialveränderungen bedeutet zugleich: „Der Mensch spürt nur den Unterschied." Diese Erkenntnis geht auf den Wiener Arzt und Begründer der Psychoanalyse *Sigmund Freud* (1856–1939) zurück und besagt, dass wir stets und ständig neue Reize benötigen, um uns überhaupt unserer Existenz bewusst sein zu können. Wenn Sie beispielsweise die Struktur einer Tapete erfassen wollen, so reicht es nicht, sie lediglich zu berühren. Sie müssen etwas mit den Fingern hin und her wischen, um die Unterschiede in der Oberfläche feststellen bzw. begreifen zu können und einen Eindruck davon zu bekommen. Erst dies ermöglicht den Nervenzellen, etwas zu registrieren. Alle unsere Sinnesorgane tasten die Umgebung ab. Die Augen haben einen sogenannten Mikrotremor, sie zittern gewissermaßen mit einer Frequenz von 100 Hertz und erfassen so die Unterschiede im Bild. Fixiert man die Augäpfel experimentell, so verschwindet nach kurzer Zeit das Bild, und man sieht nichts mehr. Unterschiede, also Reize, sind Grundvoraussetzung für die Wahrnehmung und somit fürs Denken.

Gehirnforscher vermuten in unserem Gehirn immer eine gewisse Eigendynamik der Hirnareale – doch diese Betrachtungsweise ist so, als würde man bei einem Auto annehmen, der Motor würde von sich aus laufen. Dabei übersieht man, dass es jemanden geben muss, der aufs Gaspedal tritt. Doch es ist genau der besagte Unterschied zwischen zwei Informationen (Reizen), auf den wir reagieren und den wir auszugleichen versuchen. Nicht das Gehirn selbst denkt, sondern *wir lassen es denken*, und zwar – wie wir noch sehen werden – immer mit demselben Ziel!

Der Unterschied zwischen Gedanken und Gefühlen

Meist unterscheidet die psychologische und auch medizinische Literatur *qualitativ* zwischen Gedanken und Gefühlen. Gedanken seien demnach rationale Impulse, Gefühle hingegen emotionale. Diese Differenzierung möchte ich im Hinblick auf die physikalische Sichtweise gern aufheben.

Ich schlage eine *quantitative* (mengenmäßige) Unterscheidung vor, nach der *Gefühle* als immens große Datenmengen im Gehirn zu begreifen sind, als eine Summe aus vielen vernetzten Gedanken. Durch diese Menge an Impulsen, die miteinander in Beziehung stehen, können Bereiche des Körpers, z. B. Muskeln, Drüsen und Sinneszellen, über Nervenfasern sehr massiv angesteuert werden und damit selbstverständlich unser Verhalten und Empfinden beeinflussen. Das, was wir normalerweise Gedanken nennen, ist folglich nur der bewusste und damit unverhältnismäßig geringere Teil unserer Hirnaktivität. Im Allgemeinen gehen Wissenschaftler davon aus, dass nur etwa maximal drei Prozent aller Gedanken bewusst sind. Die wenigsten unserer Gedanken dringen also tatsächlich ins Bewusstsein vor, dorthin, wo wir sie wahrnehmen und willentlich beeinflussen. Sie können aber dennoch unser Verhalten sehr wirksam steuern. So kann zum Beispiel der intensive Gedanke an eine große Spinne, die sich angeblich in Ihrem Kragen befindet, bei Ihnen eine Gänsehaut erzeugen. Und allein die Erinnerung an ein peinliches Erlebnis kann Ihnen die Schamesröte ins Gesicht treiben. Eine messbare körperliche Wirkung – hervorgerufen durch Gedanken. Aufgrund der wesentlich größeren Datenmenge, die eindrucksvolle, hochrelevante

Prozesse hervorruft, wird eine viel größere Menge an elektromagnetischen Impulsen im Gehirn erzeugt. Sie wissen, was passiert, wenn Sie bei einer Spielzeugeisenbahn den Fahrtregler am Trafo nur ein ganz klein wenig bedienen: Der Motor summt etwas, aber die Bahn fährt noch nicht los. Wenn Sie jedoch weiter aufdrehen und somit die Stromstärke erhöhen, beginnt sich die Eisenbahn in Bewegung zu setzen, und wenn Sie Vollgas geben, kann der Zug sogar entgleisen. Das sind quasi Emotionen – eine Menge „Strom im Gehirn"!

Je mehr neuronale Verschaltungen ein Ereignis bei Ihnen angeregt hat, desto größer sind bei hervorgerufener Erinnerung die in der Elektroenzephalografie (EEG) messbaren Hirnströme, und desto größer ist der Effekt auf den Körper.

Der Physiker und Nobelpreisträger *Richard Feynman* (1918–1988) war dafür bekannt, dass er mit großer Begeisterung alle Tafeln im Hörsaal mit Formeln beschrieb, was seinen Studenten sehr gut gefiel, im Gegensatz zu ihm selbst, der sich seinerzeit als Schüler angesichts vollgeschriebener Tafeln oft gelangweilt hatte. Vielleicht war seine eigene Langeweile der Motivator für seine mitreißenden Vorlesungen. Reize schaffen heißt, Neuronen zu verschalten!

Psychosomatische Erkrankungen resultieren aus massiven unterbewussten Gedankeneindrücken (Gefühlen), die aufgrund ihrer großen *Datenmengen* den Körper spürbar ansteuern. Aber auch Mut und Schaffenskraft hängen in ihrer Intensität von Gefühlen ab. Sobald diese Gedanken bewusst (und damit vereinfacht) sind, ist der Einfluss auf den Körper minimiert. Daher glaube ich, dass Sie durch langweilige, irrelevante Gedanken ohne persönliche Bedeutung niemals im positiven Sinn erfolgreich[9] werden können, weil die Datenmenge für große Erfolge zu gering ist.

Lassen Sie Ihr Gehirn nicht aus Angst vor Kontrollverlust ungenutzt! Eine solche Angst vor Kontrollverlust ist immer eine Folge frühkindlicher Traumatisierung, die durch ein späteres Ereignis eine Bestätigung erfährt. Somit wird ein Verhaltensmuster generiert, welches generell die Wiederholung einer Traumatisierung vermeiden soll. Angst sorgt also dafür, dass Sie sich selbst vorsichtshalber daran hindern, potenzielle Fehler zu begehen oder solche zu wiederholen – und damit können Sie auch keinen bewussten Erfolg erzielen. Wenn Sie beim Bogenschießen den Pfeil nicht loslassen, aus Angst, das gewünschte Ziel nicht zu treffen, dann treffen Sie zwar nichts Falsches, aber eben auch nicht Ihr Ziel. Ihr unterbewusster Erfolg besteht dann darin, eine Fehlersituation vermieden zu haben. Was für ein zweifelhafter Erfolg! Aber dieser ist Ihnen sicher. Selbstvertrauen ist die Basis, auf der erfolgreiche Menschen ihre Ziele erreichen, doch dieses wird uns meist aberzogen. Selbstvertrauen heißt, sich selbst zuzutrauen, dass man über die notwendigen Fähigkeiten verfügt, wenn es darauf ankommt. *Andreas Gotthardt* ist 53-facher Deutscher Meister, 6-facher Europa- und 4-facher Weltmeister im Bogenschießen. Außerdem ist er amtierender Hallenweltrekordhalter in seiner Bogenklasse. Sein Erfolgsrezept ist: Bloß die Nerven behalten, wenn es schwierig wird. Was man will, wird man auch erreichen, wenn man sich innerlich vorbereitet fühlt. Man darf sich im entscheidenden Moment nicht ablenken lassen. Seine unglaublichen Erfolge geben ihm recht. Vielleicht beruhigt es Sie, dass die wirklich wichtigen Dinge im Regelfall fehlerfrei vom Gehirn ausgeführt werden. Sind Sie jemals versehentlich ohne Kleidung aus dem Haus gegangen? Wohl kaum. Bekleidet zu sein ist meist nicht lebensnotwendig, doch in sozialer Hinsicht unumstritten wichtig. Ein emotional höchst relevantes

Ziel eben. Wie man die Wichtigkeit einer Sache erkennt und gegebenenfalls verändert, hängt sehr stark davon ab, was Sie erreichen wollen. Je mehr Sie sich selbst zutrauen, um ein Ziel zu erreichen, desto greifbarer wird es, weil einfach mehr *Strom* im Gehirn fließt.

Wenn ich in diesem Buch also von Gedanken spreche, meine ich damit sowohl die bewussten als auch die unbewussten elektromagnetischen Impulse des Gehirns. Falls Sie sich möglicherweise mit der ganzen Theorie gelangweilt fühlen, dann liegt das daran, dass Sie lieber zur Sache kommen möchten. Jetzt wissen Sie, was *relevanzgesteuert* heißt. Was ist es, das wir als subjektives *Müssen* empfinden, und vor allem: Wie macht man daraus ein erfrischendes *Wollen*?

Der Unterschied zwischen Müssen und Wollen

Der Hauptunterschied zwischen *Müssen* und *Wollen* wird klar, wenn man sich die Fragen nach *Erwartungsdruck* und *Sinnhaftigkeit* stellt. Vor einiger Zeit schrieb mir eine verzweifelte Leserin: „Lieber Herr Winter, ich kann meine Wohnung nicht mehr aufräumen, und das schon seit circa zehn Jahren. Es belastet mich extrem stark. Ich lebe in unserem Haushalt mit meinem Mann, zwei Katzen und einem Hund. Wenn ich aber zu Besuch bei Freunden bin, dann bin ich fleißig wie eine Biene und helfe, wo ich kann."

Meine Antwort: „Sie leiden unter Bevormundungsstress. Ihr schlechtes Gewissen verlangt von Ihnen aufzuräumen. Wahrscheinlich verlief so Ihre Geburt: als Einmischung in

Ihre Komfortzone. Sie könnten aufräumen, wenn es nicht Ihre Wohnung wäre, sondern die eines Freundes, weil dieser Ihnen ja dafür danken würde." Worauf sie schrieb: „Absoluter Volltreffer! Aber wie kriegt man das weg?"

Ganz einfach! Wenn doch das schlechte Gewissen im Nacken sagt: „Los, räum endlich mal deine Wohnung auf!", dann bedeutet das: Egal, wie sehr die Wohnung strahlt und glänzt – ein Lob gibt es dafür nicht, denn hierzu müssen Erwartungen nicht nur erfüllt, sondern übertroffen werden. Daher empfehle ich: „Erwarte kein Lob, keinen Dank und keine Anerkennung! Dann erzeugt das Ausbleiben dessen auch keinen Stress." Das funktioniert sogar bei einer ungeliebten Arbeit. Wenn Sie Ihre Wohnung nicht aufräumen, weil es jemand erwartet, der es Ihnen ohnehin nicht dankt, sondern weil Sie selbst die Frucht Ihrer Arbeit genießen wollen, dann belastet es Sie nicht mehr. Tun Sie alles für sich selbst, aber nicht für andere! Selbst wenn Sie jemandem einen Gefallen tun, ihm gehorchen oder zu etwas gezwungen werden – erklären Sie sich damit einverstanden, sonst stresst es Sie! Arbeiten Sie, als seien Sie im Urlaub!

Tipp

Erwarten Sie bei Ihrer Arbeit weder Lob noch Dank! Machen Sie sich bewusst, was Sie selbst davon haben, wenn Sie Ihre Arbeit verrichten. Wenn Sie nichts erwarten, dann stresst Sie auch nichts!

Arbeiten wie im Urlaub

Dies ist einer der schönsten Tipps, den ich für Sie auf Lager habe und den ich auch Kommissar Grundmann gegeben habe. Erinnern Sie sich bitte einmal an eine wundervolle Urlaubsreise, die Sie gemacht haben. Wie haben Sie Ihre Zeit verbracht? Haben Sie zwei Wochen lang den ganzen Tag über im Bett gelegen? Wohl kaum. Sie werden den Tag in irgend-

einer Weise aktiv gestaltet haben. Dazu gehörten sicherlich auch kleinere oder größere Pflichtübungen. So mussten Sie vielleicht nach dem Sport die Golf-, Tauch- oder Skiausrüstung wieder an ihren Platz bringen, sich einen Mietwagen organisieren, den Wäscheservice rufen, die nassen Badesachen zum Trocknen aufhängen oder eine Wandertour planen. Sie sehen: Eigentlich arbeiten Sie im Urlaub, es kommt Ihnen meist nur nicht vor wie Arbeit, weil der Rahmen Ihrer Bemühungen ein ganz anderer ist als zu Hause.

Die Einstellung macht's

Stellen Sie sich bitte einmal nach dem Zubettgehen vor, Sie wären im Urlaub und schliefen in einem Ferien-Appartement. Nach dem Aufwachen kümmern Sie sich gut gelaunt um Ihr Frühstück, gehen danach zur Arbeit und machen Ihren Ferienjob. Sie haben richtig gelesen: Ferienjob. Sie „reißen die notwendigen paar Stunden ab". Sie erledigen einfach die notwendigen Dinge, bleiben Ihrem Anspruch an Sorgfalt treu, aber erwarten weder Lob noch Dankbarkeit von Ihren Kollegen oder Vorgesetzten und haben danach Freizeit. Wenn Sie dies auch nur drei Tage lang wirklich auf emotionaler Ebene umsetzen, werden Sie aller Wahrscheinlichkeit nach deutlich entspannter arbeiten, Ihre Freizeit bewusster wahrnehmen, und es würde mich nicht wundern, wenn man Sie auf Ihre gute Ausstrahlung ansprechen würde.

Ich selbst habe während meiner Studienzeit in einem Warenlager gearbeitet. Ich ging fröhlich pfeifend um sechs Uhr morgens hin und fröhlich pfeifend um fünfzehn Uhr nachmittags wieder heim. Das war für mich keine Arbeit, sondern eine willkommene Möglichkeit, etwas Geld zu verdienen, um meine Studentenwohnung zu finanzieren. Die meisten meiner Kollegen hingegen quälten sich durch den Tag und schimpften auf die Arbeit. Sie hatten das Gefühl, arbeiten zu *müssen*. Später habe ich innerhalb von zehn Jahren sechzehn erfolgreiche Ratgeber-Bücher geschrieben, und das neben meiner Arbeit als Leiter eines Coaching-Institutes, als international gefragter Referent und Ausbilder, neben meiner Familie und meinen Hobbys als Musiker und Schauspieler, neben regelmäßigem Urlaub und täglich acht gemütlichen Stunden Schlaf. Wie soll das alles gehen, wenn man doch angeblich nur mit Disziplin, Anstrengung und Quälerei erfolgreich sein kann?

Es geht, weil Erfolg, Wohlstand und Spitzenleistungen nicht von Mühe, Disziplin und Anstrengung abhängen, sondern davon, welche emotionale Bedeutung dies für den Menschen hat. Schuldgefühle, falsche Glaubenssätze, Bevormundungen und Ängste sabotieren erfolgreiches Lernen und Handeln, während Begeisterung, Leidenschaft und Zuversicht die *Autopiloten* für Erfolg und Wohlstand sind. „Arbeit macht krank!", sage ich oft bei meinen Vorträgen. Arbeit macht krank, wenn sie einem als sinnlose Quälerei erscheint.

Sicher kennen Sie die schreckliche Geschichte des antiken Königs *Sisyphos* (das ist der arme Kerl im Vordergrund auf dem Buchumschlag). Er ist heute vor allem als tragische Figur in der griechischen Mythologie bekannt (um 1400 vor Christus). Da Sisyphos dem Tod immer wieder ein Schnippchen schlug, wurde er eines Tages von Thanatos, dem Gott des Todes, gefangen genommen und dazu verdammt, immer wieder einen schweren Stein einen Berg hochzurollen, der ihm kurz vor dem Gipfel wieder entglitt, herunterrollte und von ihm erneut hinaufgerollt werden musste. Das dazugehörige Gefühl der *Sisyphusarbeit* kennen einige von Ihnen sicher ebenso gut;

eine schier nicht enden wollende, sinnlose Arbeit, die einem schlimmer als jede Strafe erscheint. Wenn Ihr Aktenstapel oder Ihre Aufgabenliste ins Unendliche zu wachsen droht, dann *rollen* Sie den *Stein* einfach wieder hoch. Machen Sie einfach Ihre Aufgaben nach Vorschrift. Vielleicht werden Sie niemals fertig. Das ist nicht weiter tragisch. Wenn Sie mit einem Herzinfarkt im Krankenhaus landen würden, bliebe der Kram schließlich auch liegen. In Ihrem Arbeitsvertrag steht weder, dass Sie Lob oder Dank für die Arbeit bekommen, noch dass Sie perfekt arbeiten oder überhaupt damit fertig werden müssen. Niemand wird Ihnen Ihre Arbeit auf den Friedhof hinterhertragen. Es gilt arbeitsrechtlich, dass eine Arbeit nach mittlerer Güte zu verrichten ist. Ich kenne Hunderte von Menschen, die ihren Beruf als Belastung empfinden. Ausnahmslos alle bestätigen, dass man, wenn man den Sinn der Arbeit erkennt, einen Motivationsschub sondergleichen bekommt.

Kommissar Grundmanns neuer Antrieb entstand dadurch, dass er sich Etappenziele setzte. Hier ein paar Akten, da ein paar Telefonate und dann *Schluss, aus, Ende*. Der Sinn bestand nun darin, eine schwierige Arbeit zu machen, ohne dabei komplett auszufallen. Besser weniger als gar nichts. Das verlieh ihm wieder das notwendige Erfolgserlebnis. Die Alternative wäre Krankheit, Jobwechsel, Arbeitslosigkeit oder Lethargie. Man sollte nicht immer den ganzen Berg betrachten, wenn man zum Gipfel will.

Wenn ein kanadischer Wildlachs sich „überlegen" würde, wie viele Hunderte Kilometer er stromaufwärts schwimmen muss, um zum Geburtsort seiner Nachkommen zu gelangen, würden die Fische ihren Laichplatz wohl besser niemals verlassen. Oder um es sinngemäß mit dem österreichischen Psychotherapeuten *Paul Watzlawick* (1921–2007) zu halten: Wenn sich eine junge Braut vor dem Traualtar überlegen würde, wie viele Tonnen Geschirr sie im Laufe ihrer Ehe wegspülen muss, würde sie (wahrscheinlich) mit wehendem Schleier Reißaus nehmen. Also schauen Sie nicht auf das Endziel, sondern auf die Etappen. Machen Sie Ihre Sisyphusarbeit wie einen Ferienjob: mit Anspruch, aber ohne Erwartungen auf Erfolgserlebnisse. Dann bleiben Sie wach!

Die Lebensqualität steigern

Jeder meiner Kunden, der diesen Rat befolgte, berichtete, dass die gesamte Lebensqualität dadurch gesteigert werden konnte. Der Effekt kommt zustande, indem Sie ganz bestimmte Areale Ihres Gehirns eben nicht benutzen: jene, mit denen Sie sich unter Erwartungsdruck setzen. Dadurch blockieren Sie sich weniger und entfalten sich mehr.

Tipp

Legen Sie sich in einer ruhigen Viertelstunde bequem aufs Sofa, und visualisieren Sie, wie Sie einfach Ihre Arbeiten erledigen. Ganz ohne Erfolgsdruck, ohne Frust. Einfach machen und danach nach Hause gehen.

Probieren Sie es aus. Erwarten Sie nichts, tun Sie, was zu tun ist, und entdecken Sie, was Sie letztlich davon haben.

Da wir gerade beim Thema Urlaub sind: Viele Menschen fahren zum Auftanken in die Sonne. Möglicherweise spielt hier außer der Freizeit ein Erholungsfaktor eine Rolle, den wir noch gar nicht beachtet haben. Ein Faktor, der gerade in den letzten Jahrzehnten an Bedeutung gewann.

Sonne, Vitamin D$_3$ und der Wunsch nach Freiheit

Warum leiden eigentlich so viele Menschen unter den täglichen Pflichten? War nicht früher alles einfacher, als im Mittelalter der Müller mahlte, der Schmied schmiedete und der Henker henkte? Warum glauben plötzlich alle, es müssten einem beim garantierten Mindestlohn oder mit bedingungslosem Grundeinkommen die Träubchen in den Mund wachsen? Sind wir alle dekadent geworden? Verwöhnt, faul und lethargisch?

Wohl kaum! Man sehe sich nur einmal die Produktivität und Kreativität der letzten Jahrzehnte an! Ich staune immer, wenn ich sehe, welche Entwicklungs-und Bewusstseinssprünge unsere Zivilisation allein in den letzten dreihundert Jahren gemacht hat. Innerhalb kürzester Zeit bauten unsere Vorfahren immer wieder aus Kriegstrümmern florierende Großstädte auf, während es in anderen Teilen der Welt oft noch immer so aussieht wie in der Steinzeit. Es scheint Faktoren zu geben, die möglicherweise im Verborgenen wirken. Was ist, wenn es einen bislang noch wenig beachteten „Weckruf" gibt? Was ist, wenn es etwas gibt, das einen deutlichen Einfluss darauf hat, dass sich Menschen nicht länger mit „müssen" abfinden wollen oder gar können? Durch meine tägliche praktische Arbeit mit Klienten kann ich bestätigen, dass sich in den letzten zwanzig Jahren zunehmend mehr Menschen ihrer Spiritualität bewusst werden und zugleich die Sinnhaftigkeit unserer materialistischen Gesellschaft kritisch infrage stellen. Diese Entwicklung steigt rasant an. Einen Hinweis auf einen solchen Faktor finden wir vielleicht mit dem Blick gen Himmel, denn mit unserem Zentralgestirn, der Sonne, tut sich etwas.

Sonne ist unverzichtbar – ohne sie gäbe es kein Leben auf der Erde. Der kritische Mediziner *Professor Dr. med. Jörg Spitz* und der Physiker *William B. Grant, Ph.D.* schreiben in ihrem Buch „Krebszellen mögen keine Sonne. Vitamin D – der Schutzschild gegen Krebs, Diabetes und Herzerkrankungen" (Mankau Verlag), wie unverständlich es erscheint, dass der moderne Mensch die Sonne „durch zahlreiche Maßnahmen bewusst oder unbewusst aus seinem persönlichen Alltagsleben weitgehend ausgeschlossen hat. Inzwischen fürchtet er sie sogar: Sonnenstrahlen gelten nicht mehr als Leben bringend, sondern als tödlich, denn sie verursachen Krebs!" Die Autoren beschreiben, wie falsch es ist, die Sonne zu meiden, denn sie ist – wohldosiert – eine Unterstützung für die Selbstheilung des Körpers. Die durch die Medizinindustrie organisierte und geschürte Angst vor der Sonne hat möglicherweise ebensolche Gründe wie die Angst vor der freien Entfaltung der Persönlichkeit, denn Sonnenlicht kann mehr als nur gesund machen. Sonnenlicht erhöht das Bewusstsein! Und mit einem erhöhten Bewusstsein über sein Dasein, seinen Lebenssinn und seine Existenzberechtigung ist ein Mensch nicht mehr so leicht zu beherrschen! Wenn Menschen, die aufgrund ihrer Genetik oder ihres geografischen Ursprungs nicht an hohe Sonneneinstrahlung adaptiert sind, langsam aber stetig „besonnt" werden, dann könnte dies durchaus deutlichen Einfluss auf ihren Körper haben. Sollte sich das Bewusstsein innerhalb weniger Generationen verändern, so würde es nicht verwundern, wenn Werte wie Pflichterfüllung und Existenzsicherung dem Streben nach Verwirklichung des Potenzials nachgeordnet werden – ob wirtschaftlich gewollt oder nicht! Das „Arbeitstier" wird aufmüpfig und steckt seine Artgenossen damit an, so könnte man auch sagen.

Der deutsche Biophysiker *Dieter Broers* widmete einen Groß-
teil seiner wissenschaftlichen Arbeit der Erforschung der
Sonne und ihrer Wirkung auf den Menschen. Er konnte beispielsweise nachweisen, dass es einen Zusammenhang zwischen Sonneneruptionen und Häufungen psychischer Erkrankungen gibt. Sogar soziale und politische Spannungen
scheinen nicht unbeeinflusst von den magnetischen Feldern
zu sein, die von der Sonne phasenweise ausgehen. Interessant ist in diesem Zusammenhang, dass die Feldstrahlung
der Sonne zunimmt und daher mit einem Anstieg des Ein-
flusses auf den Menschen zu rechnen ist! Wenn die Dosis
bestimmter Strahlung, die auf das Bewusstsein wirken kann,
ansteigt, ist es kein Wunder, dass die Weltgesundheitsorga-
nisation (WHO) unseren Kindern verbietet, ins Solarium zu
gehen, und dass ein Sonnenschutzmittel unter Faktor 6 als
lächerlich und unwirksam gilt. Noch in den 1970er-Jahren
war Lichtschutzfaktor (LFS) 4 bei Sonnencremes der höchst
mögliche und wurde daher selten benutzt. Die Kinder liefen
den ganzen Sommer über im Freien herum und bekamen
keinen Sonnenbrand. Mit Berichten über ein „Ozonloch"
in der Atmosphäre wurde die Angst vor zu viel Sonne noch
zusätzlich kräftig geschürt. Welche genauen Folgen der Zustand der Ozonschicht auf den Menschen hatte, ist ohnehin
unklar. Eine australische Studie belegt, dass Sonnenschutz
und Kleidung einen Vitamin-D-Mangel erzeugen und damit
sogar an der Entstehung von Hautkrebs beteiligt sind![10]
   Wenn Sie krebsfrei einen Sonnenbrand vermeiden wollen,
benutzen Sie einfach kolloidales Gold als Hautspray, nehmen
Sie Vitamin D3 zu sich, oder glauben Sie einfach nicht daran, dass „gewohnte" Sonne gefährlich ist – das ist sie nämlich
nicht. Dieter Broers konnte zudem beweisen, dass die schwa-
chen elektromagnetischen Felder der Sonne in der Lage sind,

eine körpereigene psychoaktive Substanz – DMT (Dimethyl-tryptamin-Säure) – ausschütten zu lassen. Diese Substanz ist in der Regenwalddroge *Ayahuasca* enthalten. Sie wird bei To-desangst ausgeschieden, verlangsamt das subjektive Zeitemp-finden und ist möglicherweise an der Traumbilderzeugung beteiligt. Diese Beobachtung bedeutet nichts Geringeres, als dass Sonnenlicht einen Einfluss auf unser Bewusstsein hat. Menschen berichten, dass ihr Bewusstsein und die Wahr-nehmung für Übersinnliches geschärft sind. Broers, Inhaber mehrerer Patente, gelang es, ein technisches Gerät zu entwi-ckeln, das diese elektromagnetischen Felder der Sonne künst-lich erzeugt. Damit gelang es, bei Probanden Depressionen zu behandeln. Wir erinnern uns an Kommissar Grundmann mit seiner Depression. Die Bezeichnung *Burn-out* bekommt in diesem Zusammenhang und in Bezug auf fehlendes Son-nenlicht eine ganz neue Bedeutung.

Farblichtbasierte Therapien, wie sie etwa der deutsche Schwingungstherapeut *Thomas Künne* anbietet, zeigen, dass bestimmte Lichtfrequenzen, die auf den Probanden abge-stimmt sind, eine sprichwörtlich „aufhellende" Wirkung haben. Künne erforschte den Zusammenhang zwischen bestimmten astrologischen Aspekten der Persönlichkeit und den Frequenzen von Licht und Tönen. Ausgerüstet mit Stimmgabeln und speziellen Farblichtlampen verhilft er Menschen dazu, sich wieder kraftvoll zu fühlen. In meinem Institut konnte ich beobachten, dass Menschen, die an chro-nischer Müdigkeit leiden, allein mit einem 30-minütigen Aufenthalt unter einer Stahlpyramide mit speziellem Licht für Tage wieder fit waren.

Selbstverständlich hat nicht jeder solche Vorrichtungen zur Verfügung, also muss meist der Klassiker ran, um wach zu werden: der Wecker.

Der perfekte Wecker für Morgenmuffel

Das Gefühl, morgens nicht wach zu werden, kennen Sie sicherlich auch. Möglicherweise haben Sie auch schon die eine oder andere skurrile Weckmethode ausprobiert, wie etwa den Duftstoffwecker, der ein Aroma in die Raumluft versprüht, oder einen ballförmigen Wecker, der piepsend wegrollt und zum Hinterherlaufen zwingt. Es gibt Lichtwecker, die einen Sonnenaufgang imitieren sowie Kaffeemaschinen mit Zeitschaltung. Es gibt den Katzen- und Hundewecker, die maunzend und quengelnd ihren Halter zum Aufstehen nötigen. Es gibt Wecker, die einen über 113 Dezibel lauten Ton erzeugen, und es gibt Wecker, die erst stumm sind, wenn man Hanteln gehoben oder irgendwelche Tätigkeiten ausgeführt hat.

Die unterschiedlichsten Weckmethoden haben jedoch alle einen Haken: Sie sind nicht Ihr Freund, sondern der Verbündete Ihrer Pflichten, und damit erzeugen die Geräte Bevormundungsstress und schütten keine Endorphine aus. Der Kölner Arzt *Dr. Alfred Wiater*, Vorsitzender der Deutschen Gesellschaft für Schlafmedizin, weiß aus Erfahrung, dass das Licht beim Aufwachprozess eine wichtige Rolle spielt. Demnach verhilft blaues Licht morgens zum Wachwerden. Wiater weist darauf hin, dass Weckmethoden, die zum Aufstehen viel Aktivität erfordern, unphysiologisch sind. Allein der Gedanke an ein brutales Weckerlebnis lässt Sie nicht so erholsam schlafen, wie es für Sie sinnvoll wäre. Der perfekte Wecker wäre die Freude auf das, was Sie nach dem Aufwachen erwartet. Natürlich kann das der Hund, die Katze und eine Tasse Kaffee sein. Aber was ist mit dem normalen Leben? Was ist mit Ihrem Alltag? Ist der so schlimm, dass Sie dem Leben *entschlafen* möchten? Oder fehlt Ihnen etwas, an das Sie noch gar nicht gedacht haben? Beispielsweise der Sinn im Wachwerden?

Was haben Sie davon, wenn Sie aufstehen? Was haben Sie davon, wenn Sie es nicht tun? Wie wichtig ist es Ihnen aufzustehen, wach zu sein und warum? Mit dieser Überlegung setzen Sie Prioritäten. Und diese sind die Auftraggeber für Ihr Gehirn. Nicht das, was Sie *sollen*, wird wahr, sondern das, was Sie *wollen*!

Tipp

Überlegen Sie sich beim Zubettgehen einen guten (emotional positiv besetzten) Grund, warum das Wachwerden für Sie so wichtig ist. Nehmen Sie sich vor, Freude an dem zu empfinden, was Sie am nächsten Tag erwartet. Stellen Sie sich dann ganz genau die Uhrzeit vor, zu der Sie wach sein möchten, und überschlagen Sie kurz, wie viele Stunden Schlafenszeit Sie jetzt noch haben. Sie werden nun ohne Wecker zur gewünschten Uhrzeit wach.

Nahezu alle stressbehafteten Situationen kann man mit diesen Überlegungen entschärfen. Hilfreich ist hierbei zu wissen, wie Stress genau entsteht und wie unser Verhalten dadurch bestimmt wird. Daher schlage ich eine Formel vor, die ich den „Algorithmus der menschlichen Psyche" nenne. Hierin verbirgt sich das ganze Geheimnis der Stressfreiheit.

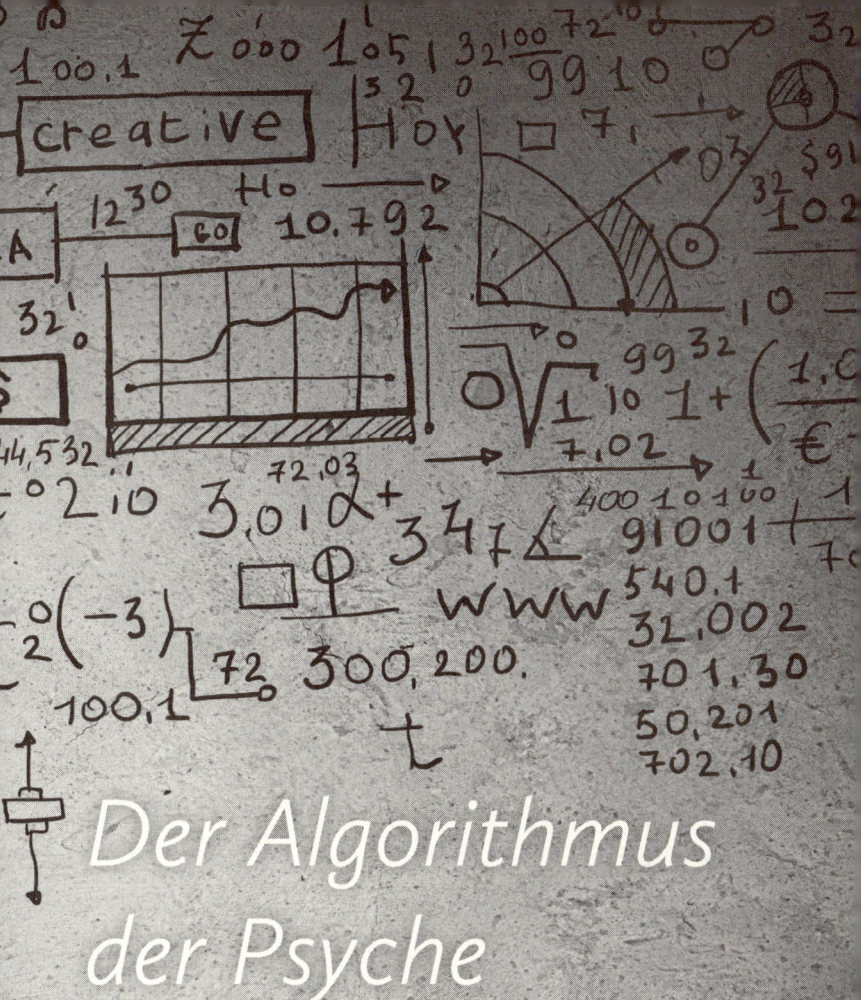

Der Algorithmus
der Psyche

Überlegen Sie bitte: Warum spielt jemand Lotto, obwohl die Gewinnchancen verschwindend gering sind? Warum bringt ein Mensch sich oder andere um? Warum raucht ein Mensch, obwohl er weiß, dass der Qualm ihn krank macht, und warum schwänzt ein Schüler den Unterricht? Warum wird jemand depressiv, und warum bekommt ein anderer vor Überarbei-

tung einen Herzinfarkt? Dass Menschen nicht dumm sind, haben wir im vorhergehenden Kapitel geklärt. Was also ist der logische und nachvollziehbare Grund für solches Verhalten? Es gibt nur eine Antwort auf diese Fragen: *Weil ein Mensch bestrebt ist, seine eigene Absicht möglichst widerstandsfrei zu verwirklichen.*

Formel für den Sinn des Lebens

Alfred Adler (1870–1937), Wiener Arzt und Pionier der Individualpsychologie, beschrieb dies bereits in Ansätzen und nannte es „das Streben nach Macht". Auf diesem Streben gründe jegliches menschliche Verhalten, ob pathologisch oder gesellschaftskonform, so Adler. Da der Begriff *Macht* bei uns Deutschen oft leider mit *Machtmissbrauch* gleichgesetzt wird, obwohl *Handlungsfähigkeit* eher das passende Synonym wäre, möchte ich für Adlers Beschreibung den etwas wertneutraleren Ausdruck *Algorithmus der Psyche* verwenden. Diese Grundformel macht menschliches Verhalten so berechenbar wie das Wetter: noch nicht sehr exakt, aber zunehmend vorhersagbar.

Die eigene Absicht möglichst widerstandsfrei zu verwirklichen, erklärt die menschliche Vorliebe für Fernbedienungen, Distanzwaffen, Autos, Werkzeuge und alles, womit man mit geringem Aufwand eine große Wirkung erzeugen kann. Hierbei wird die *Absicht* („Ich will ins Freibad") durch die Persönlichkeit bestimmt und der subjektiv empfundene *Widerstand* („Ich muss zur Arbeit") durch den Grad der Entfaltungsmöglichkeit.

Zur Verwirklichung einer Absicht stehen dem Menschen drei verschiedene Strategien zur Verfügung: die Offensive, die

Defensive und die Akzeptanz. Das bedeutet: Entweder begegnet man dem Widerstand mit Gegendruck, mit Rückzug oder mit Akzeptanz. Kinder haben zum Beispiel nur die ersten beiden Strategien zur Verfügung. Bei Einschränkungen reagieren sie entweder mit Trotz und Protest oder Kuschen und Schmollen. Beide Strategien tragen selbstverständlich nicht zur Lösung eines Konfliktes bei, sondern vermeiden lediglich Grenzberührungen. Als Grenze bezeichne ich alles, was vom Menschen subjektiv als Widerstand empfunden wird: Ablehnung, Strafe, Verbote, Unvermögen, unkonstruktive Kritik, Hinderung, Beschuldigungen, Erwartungsdruck und dergleichen. Welche Strategie letztlich bei welcher Art von Grenze angewendet wird, entscheidet der Charakter, also die Summe aller prägenden Erfahrungen im Umgang mit der Umwelt.

Der Begriff Algorithmus kommt zwar aus der Mathematik, aber er passt hier ganz gut, denn es geht um eine *Berechnungsvorschrift zur Lösung eines Problems*. Die menschliche Psyche ist sehr vielschichtig (komplex), aber gar nicht so kompliziert, wie man vielleicht denkt. Im Gegenteil: Den Börsenkurs einer Aktie für eine Woche im Voraus zu berechnen, ist wahrscheinlich schwieriger, als abzuschätzen, wie ein erstgeborener Teenager im Sternzeichen Widder, der mit einem cholerischen Vater und einer herrischen Mutter aufgewachsen ist, auf bevormundende Ermahnungen seines Schuldirektors aufgrund mehrmaliger Schulhofschlägereien reagieren wird. Wahrscheinlich nicht mit Einsicht, Reue und der Bitte um Entschuldigung; ein Trotzverhalten ist hier wahrscheinlicher.

Ich behaupte, dass die menschliche Psyche durchaus nach berechenbaren Gesetzmäßigkeiten bei Problemlösungen vorgeht. Es ist für mich unverständlich, dass, obwohl die Zusammenhänge betreffend menschliches Verhalten durchaus be-

kannt sind, darüber nichts an den Universitäten gelehrt wird, geschweige denn das Wissen der Allgemeinheit zugänglich gemacht wird. Die menschliche Psyche zu verstehen ist sicher nicht komplizierter als eine Wetterprognose.

Da wir hier von einem geisteswissenschaftlichen Thema sprechen, ist der Algorithmus der Psyche auch für Nichtmathematiker leicht zu verstehen:

Das primäre Ziel der Psyche ist Manifestation in der Realität bei minimalem Widerstand und maximaler Entfaltung.

Oder einfach ausgedrückt: **Das oberste Ziel der Psyche ist die leidfreie (widerstandsfreie) Verwirklichung der eigenen Absicht.**

Danach streben wir alle. Das bedeutet zugleich, dass wir unglaubliches Leid in Kauf nehmen, nur weil wir den leichteren Weg nicht kennen. Schlimmer noch: Es gilt hierzulande sogar als verachtenswert, den *Weg des Wassers zu gehen*; mit dieser Floskel wird jemand gerügt, der es sich mit einer Aufgabe einfach macht. Dabei entspricht der Versuch des geringsten Energieverlustes physikalischen Gesetzen.

Wenn Sie wüssten...!

→ Wenn ein Raucher wüsste, dass er auch ohne Zigarette das Gefühl von Erleichterung bekommen kann, dann würde er weder Krankheiten noch 5 Euro pro Packung in Kauf nehmen, geschweige denn die Erniedrigungen durch Rauchverbote. Aber er weiß es nicht, deswegen raucht er beim Auslöser *Bevormundung*. Denn Bevormundung erzeugt Stress.

→ Ein Mensch, der wüsste, wie er beim Chef legal und konfliktfrei mehr Geld und Freizeit bekommt, würde weder
blau machen noch *in die Kasse greifen*. Doch die wenigsten
wissen, wie das geht.

→ Ein Arbeitssuchender, der wüsste, nach welchen Kriteri-
en Personalchefs entscheiden, würde nicht eine einzige
(meist vergebliche) Bewerbung schreiben, sondern den
leichteren Weg zur Festanstellung gehen. Dieser ist aber
den wenigsten bekannt, also landen Hunderte von Be-
werbungen in den Papierkörben der Unternehmen, obwohl diese motivierte Mitarbeiter suchen. Diese sollten
aber nicht selbstwertgestört darum betteln, gnädigerwei-
se arbeiten zu dürfen, und das auch nur, weil sie außer
möglichst viel Geld nichts vom Betrieb wollen. Wer mit
Interesse und Loyalität die Firma unterstützen möchte
und dies zum Ausdruck bringt, wird gern genommen, damit er nicht zur Konkurrenz geht.

→ Wenn eine Brustkrebspatientin wüsste, was ihren Tumor
ausgelöst hat und dass dies mit einer Reihe Konditionie-
rungen, mit falschen Glaubenssätzen bezüglich ihrer Ge-
schlechterrolle oder ungeklärten Missverständnissen zu
tun hat und leicht zu korrigieren wäre, dann würde sie
nicht zu einem Mediziner gehen, sondern zu jemandem,
der ihr hilft, die Krebsursache aufzulösen. Dass die Brust
stressbedingte Gewebsschädigungen, die zur Tumorbil-
dung führen, entwickelt, hängt oft damit zusammen, dass
eine Frau sich in ihrer Weiblichkeit herabgewürdigt und
ausgenutzt fühlt. Die *mammae*, die Brüste, sind weibliche
Versorgungsorgane und nicht einfach nur Gewebe. Wenn
Mama immer und stets für andere da sein muss, wenn
Frausein zum Stress wird, dann wird es gefährlich. Eine
Chemotherapie ändert daran nicht viel.

Ganz so einfach ist es natürlich nicht, denn es regen sich bestimmt selbst bei Ihnen Widerstände aufgrund Ihres Glaubens. Die meisten Menschen glauben, Krebs sei eine Krankheit. Sie glauben ferner, bei Krankheiten müsse man einen Arzt aufsuchen. Die meisten denken, Krebs führe zum Tod. All das stimmt aber so nicht. Man braucht also zunächst einmal fundierte Sachkenntnis, damit man sich (und anderen) nicht mit seinem falschen Glauben im Weg steht. Man braucht belastbare Fakten. Tumoren bilden sich meist dort, wo es oxidativen Stress gibt, also bei Gewebsübersäuerung, genauer durch chronischen Stress, welcher mit dem betroffenen Körperteil zu tun hat. Sinkt die Stresshormonbildung oder wird das Gewebe gezielt entsäuert, so verkleinert sich in der Regel auch der Tumor[11].

→ Wenn ein *Problemschüler* wüsste, dass die Motivation eines Lehrers nicht im Drangsalieren von Schülern besteht, sondern dass dieser sich von den Schülern Anerkennung wegen seiner Wissensvermittlung erhofft, dann würde der *Problemschüler* dem Lehrer genau diese Chance geben. Er würde einfach dem Lehrer zuhören, nachfragen, wenn er etwas nicht versteht, und dem Lehrer damit das Gefühl geben, willkommen und anerkannt zu sein. Damit würde der Schüler sogar mühelos gute Noten bekommen, statt sich durch die Schule zu quälen, krank zu werden oder sogar Suizidgedanken zu entwickeln, wie ich es bei sehr vielen Schülern erlebe.

Der *Problemschüler* weiß es aber nicht und sitzt deswegen angestrengt und unfrei in der Schule und quält sich selbst von einem Schuljahr zum nächsten. Ich selbst habe in meiner Schulzeit so gut wie niemals Hausaufgaben gemacht, weil ich es nicht akzeptiert habe, dass die Schule außerhalb der Schulzeit in mein Privatleben eingreift. Dafür gab es stets die schlechteste Note. Da ich aber wusste, dass Lehrer meistens lehren und nicht lernen wollen, habe ich diese schlechten Noten damit ausgeglichen, dass ich viel nachgefragt habe, und zwar immer dann, wenn meine nicht so wachen Mitschüler den Unterrichtsstoff offenbar wieder einmal nicht verstanden hatten. Die Lehrer erklärten mir dann alles noch einmal, die üblichen Schlafmützen in der letzten Reihe haben durch die Erklärung dann auch alles verstanden, der Notendurchschnitt stieg – und ich hatte meinen Spaß in der Schule und gute Noten[12].

→ Wenn Menschen wüssten, wie einfach alles sein kann, würden sie kein Leid mehr in Kauf nehmen. Diese psychologische Regel basiert auf einem physikalischen Gesetz. Nach dem *Ohmschen Gesetz* fließt mehr Strom, wo der Widerstand geringer ist, und weniger Strom, wo der Widerstand höher ist (vereinfacht ausgedrückt). Strom sucht sich den leichtesten Weg, genauso wie Wasser. Wasser fließt talwärts, wenn es nicht durch ein Hindernis davon abgehalten wird. Und genauso tickt auch die Psyche: Warum schwierig, wenn es einfach geht? Diese physikalische Regel ist die Grundlage für unser Coaching. Wir zeigen Menschen in einer Traumreise den leichteren Weg, Ablehnung zu vermeiden, Erfolg zu haben, Anerkennung zu bekommen, ohne dass sie erpressen, jammern, kränkeln oder betteln müssen. Wenn dieser einfachere Weg bekannt ist, wird er automatisch gewählt. Hierdurch verschwinden dann stressbedingte Symptome.

Stellen Sie sich einen Menschen mit einer x-beliebigen Absicht vor. Beispielsweise möchte Familie Schabowski aus Chemnitz mit dem Auto in den Urlaub nach Oberstaufen fahren und gerät dabei auf der Autobahn in einen typischen

Ferienstau. Obwohl die Familie nicht unter Zeitdruck steht, erzeugt der Stop-and-go-Verkehr eine Menge Stress. Man will schließlich nicht seine Ferien auf der Autobahn verbringen. Dieser Stress erzeugt oftmals Appetit oder Lust auf eine Zigarette und macht irgendwann müde. Die Hinderung an der Entfaltung der Absicht, zügig zum Ferienort zu kommen, erzeugt Widerstand. Wenn das, was ein Mensch erlebt, nicht deckungsgleich ist mit dem, was er erwartet, werden Stresshormone gebildet. Sie sind die inneren Stoppschilder des Körpers, um die Psyche vor Gefahren zu schützen. Deswegen lernen Menschen auch viel langsamer, wenn der Stoff nicht dem entspricht, was sie eigentlich erwarten. Stresshormone blockieren das Denken. Wenn die Lerninhalte sie begeistern, ermüden sie auch nicht. So konnte ich Mittelstufenschüler für die komplizierten und kryptischen Sonette von *William Shakespeare* begeistern, indem ich sie auf die verborgenen sexuellen Botschaften in diesen Gedichten hinwies. Wenn Sie von *Dagobert Duck* eine Million Euro für das Auswendiglernen eines Telefonbuches bekämen, würden Sie dieses Buch hier möglicherweise sofort aus der Hand legen. Begeisterung durch Sinn führt zu Erfolg. Das Gegenteil davon macht müde und krank. Unser Gehirn braucht seinen Treibstoff: die Glückshormone. Fehlen diese, und kommen Blockaden hinzu, ist Schluss mit lustig.

Serotoninmangel, gepaart mit *Stoppschildhormonen*, führt zu Problemen. Das ist der Grund, warum so viele Raucher – nicht nur im Stau – *Lungenschmacht* bekommen. Eine Zigarette entfaltet eine Symbolwirkung, ähnlich wie das Läuten der Schulglocke. Die Symbolik der Zigarette muss zunächst durch Verknüpfung geschaffen werden. Sie lautet: „Rauchen ist für Kinder verboten. Wer raucht, ist folglich kein Kind." Daher fühlt sich ein Raucher auch sofort beim ersten Zug erleichtert, beruhigt und irgendwie etwas sicherer, selbst wenn die eingeatmeten Substanzen noch längst nicht im Gehirn angekommen sind[13]. Wer nichts muss, hat weniger Stress und fühlt sich gelassener. Wir lernen schon als Kind, dass wir, wenn wir gestresst sind, die Veränderung immer im Außen suchen. Ob es nun plötzlich regnet, der Nachbar mit dem Rasenmäher lärmt oder wenn uns der Kontostand stresst: Wir wollen, dass die äußeren Umstände sich verändern, damit der Stress verschwindet. Nun gibt es aber Dinge, die verändern sich nicht so einfach. Egal, wie laut wir schimpfen: Das Wetter, der Lärm oder der Kontostand bleiben davon ziemlich unbeeindruckt. Wir sind schon seit dem Kindesalter überzeugt: „Wir sind machtlos!"

Warum müssen wir müssen?

Das Gefühl der Machtlosigkeit ist möglicherweise genau der Grund für unser ständiges Gefühl von *müssen*, nicht etwa *dürfen* oder gar *wollen*. Wenn wir das Gefühl von Freiheit und Selbstbestimmung hätten, wären wir viel schwieriger politisch[14] zu beherrschen. Ein Kind, dass nur dann tut, was andere wollen, wenn man ihm erklärt, was es selbst davon

hat, würde aufgrund vieler Unsinnigkeiten in unserem gesellschaftlichen Leben keinen Handgriff mehr machen.

Warum sollte jemand den Teller leer essen, wenn er keinen Hunger hat? Warum sollte jemand etwas lernen, worin er keinen Sinn sieht? Warum sollte jemand schlafen gehen, wenn er nicht müde ist? Ist schon irgendjemand an einem gedeckten Mittagstisch verhungert? Hat schon einmal irgendjemand vergessen zu schlafen, weil man ihn nicht daran erinnert hat? Braucht irgendein Mensch etwas, das ihn nicht interessiert? Können Sie mir erklären, wozu Sie persönlich die binomischen Formeln, den Plusquamperfekt und die Shakespeare-Sonette brauchen, wenn Ihre Interessen und Begabungen auf ganz anderen Gebieten liegen?

Dennoch hören Millionen von Kindern täglich: „Du musst dies, du darfst das nicht, du sollst jenes!" Und das seit Generationen. Die „Eimerkette kultureller Altlasten" nenne ich das. Da Erziehung immer teleologisch ist, also immer Erziehungsziele die Erziehungsinhalte bestimmen, leuchtet ein, dass Eltern kaum anders können, als ihre Normen und Werte an den Nachwuchs weiterzugeben. Hieraus ergibt sich ein beträchtliches Konfliktpotenzial, wie in der Einleitung schon angesprochen: Was für unsere Generation als gut und richtig galt, das, womit wir in unserer Gesellschaft erfolgreich und zufrieden leben konnten, das gilt womöglich für unsere Kinder nicht mehr oder es verkehrt sich sogar ins Gegenteil. Betrachten wir das in vielen Gesellschaften verbreitete Erziehungsziel *angepasst sein*, so ergibt sich für die Menschen die Maxime *bloß nicht auffallen*. Für eine Stabilisierungsgesellschaft, wie etwa in Afghanistan, ist diese Tugend von größter Wichtigkeit. Mitglieder, die aus der Reihe tanzen, kann eine Gesellschaft, die sich gerade neu sortiert, abgrenzt und auf Zusammenhalt angewiesen ist, kaum verkraften. Für eine Gemeinschaft, die sich mitten im

Prozess der Identitätsfindung und Normendefinition befindet, ist ein Tabubrecher das Letzte, was gebraucht wird.

Anders in einer Gesellschaft wie etwa der unseren: Ein Mindestmaß an Stabilität ist längst erreicht. Wir benötigen weder die Todesstrafe noch Bestechungsgelder für Polizisten, Politiker und Richter noch Schusswaffen unter dem Kopfkissen, um in Frieden leben zu können. Wir können bereits ein paar Schritte weiter gehen und mit den Möglichkeiten des gesicherten sozialen Zusammenlebens umgehen. Wir können ausprobieren, ob man nicht mehrere Berufe gleichzeitig oder hintereinander ausüben, Sex vor der Ehe oder mit dem gleichen Geschlecht haben, seinen eigenen Glauben finden oder alternative Formen des Zusammenlebens entdecken kann – und das alles, ohne dass wir damit unsere Gesellschaft oder uns selbst in Gefahr bringen. Es ist sogar möglich, dass jemand zur eigenen Gesellschaft eine völlig konträre und kritische Meinung entwickelt und publiziert, ohne dass er damit automatisch als bösartig, feindlich oder gefährlich empfunden wird. Versuchen Sie das jedoch in China! Allein dieser letzte Satz würde dort wahrscheinlich als suspekt eingestuft.

Die Kultur erzieht also immer unterschwellig, aber massiv mit. So wird seit Hunderten von Jahren noch immer an Kinder weitergegeben, was schon längst nicht mehr erstrebenswert, geschweige denn Erfolg versprechend ist. Dennoch hören Kinder auch heutzutage noch den Satz: „Das macht man nicht!", ohne jegliche Begründung! „Bloß nicht auffallen" ist noch immer in den Köpfen von Eltern verankert und landet auf den Schultern ihrer Kinder. Doch diese fallen dann eben nicht auf und werden in der Gesellschaft konsequenterweise übergangen, wenn es um Karriere, Partnerschaft oder gesellschaftliche Anerkennung geht. Wer nicht auffällt, der bewegt auch nichts und ist bald überflüssig.

Verantwortung statt Schuld

In meinen Vorträgen erzähle ich häufig von einem Experiment mit Affen, das auch bei Managertrainings oft zitiert wird. Im Affengehege befand sich ein Kletterseil, das von der Decke hing. Immer wenn ein Tier das Seil berührte, wurde durch einen Mechanismus ein Strahl kaltes Wasser darauf gerichtet. Die Affen ließen erschreckt das Seil los, fielen zu Boden und liefen schreiend davon. Nun begannen die erschreckten, nass gewordenen Tiere damit, die unerfahrenen Tiere, insbesondere den eigenen Nachwuchs, mit Geschrei, Geschubse und sogar mit Beißen daran zu hindern, das Seil zu berühren. Nach einiger Zeit vermieden sämtliche Affen den Kontakt mit dem Seil. Nun wurde der Wasser-Mechanismus von den Versuchsleitern abgeschaltet, doch das Seil blieb weiterhin unberührt. Nach und nach wurden alle Tiere aus dem Gehege gegen neue ausgetauscht. Nicht eines der dort lebenden Tiere hatte jemals das Seil berührt, geschweige denn kaltes Wasser abbekommen, doch nun hinderten die einst gewarnten Tiere die neuen mit Schreien und Bissen daran, das Seil zu berühren, ohne zu wissen warum! Das ist Erziehung. In diesem Fall also das unreflektierte Weitergeben einer Verhaltenslöschung zum Zweck, den Nachwuchs vor Schaden zu bewahren.

Hierdurch wird zum einen das Vertrauensverhältnis zwischen Eltern und Kind gestört, denn die Eltern werden für die Kinder zur einzigen wahrnehmbaren Gefahrenquelle. Zum anderen wird die Entwicklung einer Gesellschaft blockiert. Erziehung verhindert Forschung. Ein neugieriger Affe hätte ohne Verhaltenslöschung herausfinden können, dass die Mechanik längst abgeschaltet war. Allein durch die Angst der Eltern vor Gefahren werden diese Ängste auf Kinder übertragen, selbst dann, wenn diese Ängste weder hilfreich noch begründet sind.

Spätestens jetzt bekommen Sie allmählich ein Verständnis dafür, welch ungeheuren Einfluss Eltern und Ahnen auf ihre Kinder haben, ob sie wollen oder nicht und ob sie sich dessen bewusst sind oder nicht. „Eltern programmieren Seelen!", möchte ich es nennen, denn mit ihrer Denkweise, ihrem Verhalten und ihrem Auftreten formen Eltern menschliches Verhalten, welches sich ein Leben lang erhalten kann. Ich möchte hier nichts Geringeres sagen, als dass Eltern mitverantwortlich sind für Kriege, Terrorismus und Kriminalität, denn die Täter haben aufgrund erzieherischer Einflüsse solche Charaktere entwickelt, wenngleich von den Eltern unbeabsichtigt. Deshalb ist es müßig, nach einem Schuldigen zu suchen, denn Eltern waren ebenfalls einmal Kinder und deren Eltern ebenso. Daher bemühe ich niemals das Wort *Schuld*, sondern rede bewusst von Verantwortung, und die haben Erzieher nun einmal. Allerdings besteht genau darin die große Hoffnung, dass die Menschen eines Tages – was sicherlich nicht innerhalb weniger Jahrzehnte zu erwarten ist – aufhören, aus Menschen unmündige Kinder zu machen, und aufhören, sich wie autoritäre Vorgesetzte zu benehmen, sondern ihren Nachwuchs auf Augenhöhe ansehen.

Emotionale Störungen

Zu uns ins Institut kommen Menschen, die seit Jahrzehnten bereits mit emotionalen Störungen wie Selbstzweifeln, Versagensängsten, Schuldgefühlen, psychosomatischen Auffälligkeiten und chronischen Krankheiten belastet sind. Bis auf wenige Ausnahmen liegt die Ursache der Störungen darin, dass Eltern die Kinder missverstanden, verkannt, bevormundet, misshandelt, falsch behandelt und unter zu hohen

Erwartungsdruck gesetzt haben. Ich kenne keinen einzigen Fall, bei dem ein Mensch aus einem friedlichen, harmonischen, reflektierten und liebevollen Elternhaus derartige Störungen entwickelt hat. Ganz davon abgesehen kenne ich ohnehin nur sehr wenige Menschen, die tatsächlich ein solches Elternhaus genossen haben. Aber wenn wir uns doch ohnehin alles Gute für unsere Kinder wünschen, dann sollten wir uns auch dessen bewusst sein, wie man dieses Gute erlangt. Allerdings geben Eltern an ihre Kinder meistens nur weiter, was sie selbst nicht besser gelernt haben, wie folgendes Beispiel[15] zeigt:

Der 53-jährige *Bruno* hatte es im Leben nie leicht. Ohne Vater aufgewachsen und ohne Schulabschluss schaffte er es, sich durch stetige, harte Arbeit den Posten als Verkaufsleiter im Außendienst einer kleinen Firma für Baustoffe zu erkämpfen. Die Arbeit war anstrengend, das Personal teuer und knapp. Bruno arbeitete häufig bis abends und oft auch am Wochenende. Nach Feierabend ging Bruno öfter mit seiner Frau zum Essen in sein Lieblingsrestaurant. Man ließ es sich gutgehen. Vor dem Essen einen Aperitif, meist Wermut, nach dem Essen einen Cognac, Grappa oder einen guten Wodka – und davon immer öfter und immer mehr. Nach etwa zwei Jahren in der Abteilung war Bruno kurz vor dem Burn-out. Immer öfter war er gereizt, hatte Kopfschmerzen, die ihn schwindelig machten, und chronische Rückenschmerzen bereiteten ihm Sorgen. Keine großen Gedanken machte er sich hingegen wegen der Flasche Whisky, die seit Weihnachten in seiner Schublade lag – ein Kunde hatte sie ihm in Anerkennung für die gute Geschäftsbeziehung geschenkt –, auch nicht, als ihm auffiel, dass er bereits morgens ein Glas davon trank. Bruno machte sich erst Sorgen, als er sich eine zweite, dritte und vierte Flasche besorgte, und diese in immer kürzeren Abständen leerte. Schnaps war für Bruno eine Möglichkeit geworden, mit dem ungeheuren Druck im Beruf fertig zu werden. Abends trank er dann, um seinen Feierabend zu begießen und um durchschlafen zu können, wie er sagte. Niemand in der Firma merkte, dass Bruno Alkoholiker war, bis er eines Tages seinen Führerschein verlor. Nun kam der Zusammenbruch. Die Ehefrau, der Chef und die Kollegen fielen aus allen Wolken. Job, Ehe und Selbstwertgefühl waren nur noch ein Trümmerhaufen. Bruno versprach Besserung und ging zum Arzt. Etwa ein Jahr nach dem ersten Entzug begann die Pechspirale von Neuem: Überarbeitung, Alkohol, Zusammenbruch. Er vereinbarte einen Coachingtermin bei mir in der Praxis.

Nachdem ich seine Geschichte gehört hatte, machte ich mich daran, herauszufinden, warum Bruno sich so mit Arbeit vollgepackt hatte. Wir mussten nicht lange suchen: Als Erstgeborener von vier Kindern wurde dem elfjährigen Bruno nach dem plötzlichen Tod des Vaters die Verantwortung für die Familie auferlegt. Seine völlig überforderte Mutter Rosi litt sehr unter dem Verlust des Einkommens und verkraftete den sozialen Abstieg nervlich kaum. Sie schlug ihren Sohn Bruno regelmäßig windelweich, wenn er nicht spurte und statt zu arbeiten lieber Fußball spielte. Als Bruno mit seinen Freunden einmal ins Kino ging, rastete die Mutter völlig aus und zerschlug wegen seiner Faulheit und Verschwendung wutschnaubend einen Besenstiel auf seinem Rücken. Bruno hatte eigentlich keine Jugend. Und obwohl er durch seine Jobs wie Kohlen schaufeln, Garten umgraben, Kartoffeln ernten, Holz hacken schon als Junge relativ viel Geld verdiente, bis zu 100 Mark in der Woche, hatte er nichts von seinem Einkommen: Das Geld musste bei der Mutter abgeliefert werden, um die Familie zu versorgen und Schulden abzuzahlen.

Dieses unterbewusste Verhaltensmuster steckte Bruno bis zum heutigen Tage tief in den Knochen. Er arbeitete hart, versorgte aber damit seine Frau, und als Selbstbestrafung fürs Trinken (es sich dabei gutgehen lassen und sich einen gewissen Luxus gönnen) arbeitete er noch härter. Die Rückenschmerzen erinnerten ihn unbewusst daran, was ihm blühen würde, wenn er Geld verschwendete und faul wäre (= die seelische Narbe des Besenstiels), also arbeitete er härter, trank mehr, und der Rücken schmerzte noch mehr: Es war ein Teufelskreis.

Um Bruno aus diesem Muster endgültig herauszuholen, musste ich tief in die psychologische Trickkiste greifen. Die bildhafte Erlebnisfähigkeit des Menschen kann durch eine bestimmte Gesprächstechnik in besonderem Maße genutzt werden, sodass das Gehirn in diesem Zustand als *Zentralrechner des Menschen* nahezu alles kann. Extrem gut erinnern, lernen, Verhalten steuern oder auch imaginieren. Nachdem ich Bruno mit dieser Gesprächstechnik[16] ein wenig *heruntergefahren* hatte, bat ich ihn, sich für einen Moment einmal mit geschlossenen Augen vorzustellen, er sei seine Mutter. Wie ein Schauspieler sollte er ein paar Minuten lang so tun, als wäre er Rosi und als könne er sich an ihre Kindheit erinnern. Zudem redete ich ihn während der Sitzung sogar mit Rosi an.

Nach wenigen Augenblicken fragte ich „Rosi", ob sie sich erinnern könne, wie sie aufgewachsen sei, und bat sie, mir alles zu sagen, was ihr durch den Kopf ging. Bruno antwortete mir wunschgemäß, allerdings mit einer etwas veränderten Stimmlage. Sein sonst so harter, brummiger Bass klang nun wesentlich weicher und heller, doch seine Betonung verriet enorme Anspannung. „Alle nörgeln an mir herum", brach es aus „Rosi" heraus. „Immer muss ich den Dreck für andere erledigen." Und so erzählte mir Bruno aus der von ihm vermuteten Sicht seiner Mutter: unter welchen Umständen sie zwischen den Kriegen aufwuchs, heiratete, Kinder bekam und den Mann bei einem Unfall verlor. Damit verschwand plötzlich der einstige Wohlstand der Familie. Doch der für Bruno interessanteste Teil war, dass Rosi sich von ihrem erstgeborenen Sohn tatsächlich einen Ehemann-Ersatz erhoffte. Interessanterweise trägt Bruno sogar den Vornamen seines Vaters. Sie überschüttete ihn deshalb massiv mit Erwartungen. Aus Wut und Verzweiflung übte sie unterbewusst Rache an ihrem Sohn dafür, dass ihr Mann sie „im Stich gelassen" hatte. Ich gab nun „ihr" die Möglichkeit, sich bei ihrem Sohn zu entschuldigen und ihm zu erklären, dass er dies alles nicht auf sich persönlich beziehen dürfe. „Sie" bat ihn unter echten Tränen, ihr wegen der Misshandlungen nicht böse zu sein, und versicherte ihm, dass sie ihn wirklich liebe, dass sie sehr stolz auf ihn sei und dass er bitte auf sich aufpassen möge.

Nachdem ich Bruno wieder in sich selbst „zurückverwandelt" hatte, war er noch sichtlich erschüttert, trocknete seine Tränen, wirkte aber auch sehr erleichtert. Jetzt wurde ihm klar, warum er zunehmend teure Alkoholsorten trank: um sich selbst (und unterbewusst seiner Mutter) zu zeigen, wie wohlhabend und somit fleißig und erfolgreich er war.

Diesen Beleg, wie fleißig er war, konnte Bruno sich fortan sparen. Mit der Erkenntnis, dass er nicht mehr länger unter Hochdruck stehen müsse, war nicht nur der Alkoholismus gebannt, sondern es war damit auch die Gefahr, einen Burn-out zu entwickeln, abgewendet.

Auch das nächste Beispiel verdeutlicht, wie stark die *Leichen im Keller unserer Eltern* Einfluss auf unser Leben nehmen, aber auch, wie schnell und wie einfach sich manchmal Phobien heilen lassen, die zuvor lebenseinschränkend waren. In meine Praxis kam *Barbara*, Anfang fünfzig. Emetophobie heißt in der

Psychologie das Phänomen, unter dem sie litt: Angst vor dem Erbrechen. In ihrem Fall war es nicht die Angst, sich selbst übergeben zu müssen, es war vielmehr eine panische Angst, Zeuge zu werden, wie ein anderer sich erbricht. Das konnte ein Kind auf dem Supermarktparkplatz sein oder ein Betrunkener auf der Straße. Ihre Familie belächelte sie und reagierte beinahe genervt auf ihre Panik. Ich wollte wissen, wann sie zum ersten Mal diese Angst verspürt hatte. Doch Barbara konnte sich nicht daran erinnern. Ich „fuhr" Barbara gemäß meiner bereits erwähnten Coachingtechnik „herunter", indem ich von zehn an rückwärts zählte und sie bat, bei fünf die Augen zu schließen. Wenn ich bei null angekommen war, sollte sie mir sagen, wann das erste Mal diese Angst aufgetaucht war. Plötzlich fiel es ihr tatsächlich ein: Im Alter von einem Jahr habe sie sich übergeben müssen, und daraufhin habe sie ihr älterer Bruder kalt abgeduscht. Dieses frühe Erlebnis war wohl traumatisch gewesen. Mir war klar, dass das kalte Wasser eigentlich das Problem war. Als ich weiter nachfragte, stellte sich heraus, dass ihr Vater zur See gefahren und deswegen selten zu Hause gewesen war. Sie hatte ihn als Mädchen sehr vermisst, so wie einst ebenfalls ihre Mutter den Partner während der Schwangerschaft sehr vermisst hatte. Unbewusst hatte die Assoziation von Seefahrt und Seekrankheit wohl ihr Erbrechen ausgelöst. Als dann noch der Bruder diese Strafe – wie sie es erlebte – folgen ließ, wurde das Erlebnis umso schlimmer. Sie berichtete, dass sie später erfahren hatte, dass ihre Geburt nicht geplant gewesen war und die Mutter, die wegen der väterlichen Abwesenheit oft angespannt war, während der Schwangerschaft stark unter Übelkeit gelitten hatte. All diese Faktoren hatten zusammengenommen ihre Erbrechens-Panik ausgelöst. Als wir diese Zusammenhänge klar vor uns sahen, bat ich sie, mit ihrem Bruder nachsichtiger umzugehen. Als Viereinhalbjähriger hatte er sich wohl schlicht mit der Wassertemperatur verschätzt, und sie solle ihm diese Strafaktion nicht so übel nehmen. Schon als sie meine Praxis verließ, erzählte sie mir, dass ihrem Empfinden nach durch diese Erkenntnis das Verhältnis zu ihrem Bruder wieder geklärt sei. Ein anschließender Trigger-Test, bei dem ich sie bat, sich intensiv vorzustellen, wie verschiedene Leute in ihrer Gegenwart erbrechen, berührte sie kaum noch. Wie befreit sah sie aus, als wir uns verabschiedeten. Für mich war diese Geschichte ein neuer Beweis dafür, wie einfach sich solche Muster auflösen lassen. Der Kampf um Anerkennung und Aufmerksamkeit hatte sie regelrecht müde aussehen lassen. Nach dem Coaching war davon keine Spur mehr.

In meiner Arbeit als Coach stoße ich immer wieder auf die gleichen Zusammenhänge: Der Klient hat psychosomatische Störungen, chronische Symptome, Blockaden, Verhaltensauffälligkeiten oder Ängste. Diese äußern sich als Allergie, Übergewicht, Krebs, Schlafstörungen, Geiz, Perfektionismus, Eifersucht, Versagensängste etc. Und so gut wie immer stecken die *üblichen Verdächtigen* dahinter: die eigenen Eltern, die ihr Kind gedemütigt, bevormundet, ausgegrenzt oder zumindest missverstanden haben. Wenn dem Menschen doch schier alles möglich ist, von der Beherrschung des Feuers über den Bau einer Dampfmaschine bis hin zur Programmierung eines Computers: Wieso scheint es dann noch immer unmöglich zu sein, ein Kind respekt- und würdevoll mit einem Gefühl von Interesse und Förderung ins Erwachsensein zu begleiten? Oder anders gefragt: Wieso erziehen Eltern ihre Kinder zu gestörten Versagern, die glauben, ohne Disziplin würden sie krank werden, und ohne Bewerbung keine Arbeit bekommen? Sogar Tiere gehen würdevoller mit ihrem Nachwuchs um als Menschen.

Der Einfluss der Religionen

Die Antwort finden wir vielleicht in den heiligen Schriften dieser Welt. Schon seit Urzeiten benötigten die großen Herrscher ein probates Mittel, um die nach Freiheit strebenden Menschen im Zaum zu halten und zum Arbeiten und zur Steuerzahlung anzuhalten. Dieses Mittel nennt man *Einschüchterung*, also das gezielte Erzeugen von *Angst*. In allen antiken Schriften der Menschheitsgeschichte belegten Götter die Menschen mit drakonischen Strafen, wenn diese nicht taten, was von ihnen verlangt wurde. Dem Sünder drohte die ewige Verdammnis. Wenn es ein strafender Gott (wie auch immer er sich nennt) ist, der uns Menschen durch Schuld- und Angstgefühle zu beherrschen versucht, damit wir unser Dasein der Arbeit widmen, dann ist es einleuchtend, dass die alten Systeme, Religionen genannt, noch immer versuchen, jegliche Bestrebung zur Selbstbefreiung des Menschen mit Gewalt zu verhindern. Noch heute werden Königshäupter „von Gottes Gnaden" gekrönt, und Präsidenten schwören auf die Bibel. Sie sind es, die Gesetze erlassen, unabhängig davon, ob sie dem Menschen und unserem Planeten nützen oder nicht. Es ist auffällig, dass die Religionen in starkem Widerspruch zu den Weisheitslehren Buddhas, Jesu, Mohammeds, der nordamerikanischen Lakota-Indianer, der australischen Aborigines oder der tibetischen Bergvölker stehen und sich sogar als berufene Institutionen für die Lehren dieser Philosophen aufspielen. Nur dort, wo es autoritäre und menschenverachtende Herrschaftssysteme gibt, finden wir Angst sowie angstbedingte Verhaltensweisen und Krankheiten.

Angst ist seit Ur-Zeiten im wörtlichen Sinn ein Unterdrückungsfaktor für die Menschheit, um sie gefügig zu machen und sie auszubeuten. Noch heute versuchen die Religionen mit den von ihnen kontrollierten Organen, uns Angst zu machen bzw. unter mentalen/seelischen Druck zu setzen. Nur wer Angst hat, ist zu beherrschen und somit bereit, ein Leben lang seine Arbeitskraft für das scheinbare Gegenmittel von Angst einzusetzen: Waffen, Medizin, Versicherungen, Drogen, Unterhaltung und vieles mehr. „Wer Angst hat, stellt keine Forderungen", sagte der Satiriker *Max Uthoff* treffend im deutschen Fernsehen.

Angstfreie Menschen gehen viel entspannter mit solchen Dingen um, allerdings braucht man zum Organisieren einer angstfreien Gesellschaft etwas, das den Herrschenden fehlt: *Regierungskompetenz*. Der Unterschied zwischen Herrschen und Regieren ist eine Polarität: Herrschen übt Druck aus und ist daher dem Yang-Pol, dem männlichen Pol, zugeordnet, während Regieren einen Sog erzeugt und den Yin-Pol verkörpert. Das Matriarchat war die ursprünglichere Organisationsform bei uns Menschen, wie Ethnologen herausfanden. Bei vielen traditionellen und nativen Völkern findet man heute noch „Frauenregierungen". Rein biologisch ist das auch sehr sinnvoll, da eine hochschwangere Frau körperlich meist nicht mehr ganz so belastbar ist, sodass ein Mann besser in der Lage ist zu jagen, Wasser zu holen oder Früchte zu sammeln. Da der Yin-Pol, der regierende, aber nun einmal mit Sog organisiert und nicht mit angsterzeugendem Druck, würde somit das fremdgesteuerte Herrschaftsprinzip nicht mehr funktionieren, wenn sich ein solches System durchsetzte. Der bislang letzte Streich der (Nachkommen der) Ur-Herrscher ist die Erfindung der sogenannten Emanzipation. Damit wird den letzten verbleibenden Yin-Frauen eingeredet, sie müssten genauso maskulin sein wie Männer

und hätten somit die gleichen Chancen – was aber nicht stimmt. Wenn jemand seine Kompetenzen aufgibt zugunsten von ihm fremden Prinzipien, dann macht ihn das weder chancengleich noch erfolgreich. Ein Hund kann allemal besser bellen als eine Katze, und ein Mann kann besser Druck ausüben und körperlich arbeiten als eine Frau. Eine Frau hingegen hat unübertroffene feminine Kompetenzen: Kommunikation, Empathie, Therapie, Intuition, Frieden schaffen und regieren. Frauen wie Männer leiden gleichermaßen unter dem „Immer-alles-selbst-machen-müssen"-Druck.

Müssen – Blasendruck ist stressbedingt

„Ich muss mal" – das kennt jeder. Aber haben Sie gewusst, dass auch Blasendruck und Stuhldrang stressgetriggert sind? Klar, der Hund macht vor Angst auf den Teppich und der Schüler nachts ins Bett. Der Einbrecher hat vielleicht die Hosen voll und man selbst bei einer Schlägerei oder einem Unfall gegebenenfalls ebenso. Es lässt sich aber auch beobachten, dass der ganz alltägliche Drang sehr stark davon abhängt, ob man etwas will oder glaubt zu müssen. Ob Bettnässen (*Enuresis*) oder nächtlicher Harndrang (*Nykturie*) – egal in welchem Alter konnten sich die Menschen von der quälenden Last des ungelegenen *Müssens* befreien, wenn sie durch entsprechende Maßnahmen wieder ins *Wollen*, in die Freiwilligkeit in ihrem Leben kamen.

Die Blase ist ein sehr flexibles Organ. Bei einem Fassungsvermögen von rund einem Liter wären wir in der Lage, den Drang zum Wasserlassen, der bei einem Drittel des Füllungsvolumens beginnt, für Stunden hinauszuzögern. Dennoch kennen Sie sicher alle eine Situation, in der

Sie dringend *mussten* und es dabei nur noch mit Schweiß auf der Stirn und kleinen steifen Schritten zur Toilette geschafft haben. In Hunderten von Hypnosesitzungen konnte ich beobachten, dass Klienten, die vor der Sitzung die Blase entleerten, bereits nach rund einer dreiviertel Stunde erneut das dringende Bedürfnis hatten. Zwischendurch haben wir allerdings die am meisten stressbelasteten Themen des Lebens besprochen. Wenn ich die Klienten jedoch mit etwas Angenehmem ablenkte, dann verschwand der Harndrang wieder, selbst wenn die Klienten beim Gespräch sogar noch ein Glas Wasser tranken.

Blasendruck ist stressabhängig! Und wo wir gerade thematisch im „Untergeschoss" sind: Erwartungsdruck hat einen verheerenden Einfluss auf die Libido.

Müssen macht impotent

Sexuelle Themen sind fast weltweit tabuisiert. Daher bezieht beispielsweise frivoler Humor seine Energie. Der Tabubruch bringt uns allerdings nicht nur zum Lachen, sondern beschert uns auch einige der größten zwischenmenschlichen Tragödien der Geschichte. Die Genitalverstümmelung von Frauen durch Beschneidung oder die gesellschaftliche Ächtung wegen vorehelicher Defloration oder Untreue enden nicht selten mit dem Tod der Betroffenen inklusive Mitwissern und Familienangehörigen. Der moralisierende Zeigefinger wird leider oft zum tödlichen Knüppel gegen Menschen, die sich in ihrer Sexualität nicht vollends unterdrücken lassen wollen. Hierzu reicht bereits ein Blick in einige unserer europäischen Nachbarländer wie Albanien, Griechenland, Italien oder die Türkei, wo die Blutrache noch

immer nicht aus den Köpfen einiger ewig Gestriger verschwunden ist. Auch bei uns ist es noch nicht so lange her, dass man heiraten „musste", sobald ein Kind unterwegs war, dass man als unverheiratete Mutter lebenslang Schande und Ausgrenzung zu ertragen hatte und dass uneheliche Kinder von bestimmten Berufen ausgeschlossen waren.

Die sexuelle Unterdrückung der Menschen ist seit jeher ein zuverlässiges politisches Machtinstrument: Die Unterdrücker bezeichnen uns als *Sünder* und bestrafen uns für unsere Bedürfnisse. Damit werden Menschen unter Druck gesetzt, gefügig gemacht, man kann uns Prostitution verkaufen und die Familiengrößen kontrollieren. Wenn ich Papst, Imam oder Ayatollah wäre, würde ich das wahrscheinlich auch nicht anders machen. Zum Glück bin ich keiner, und daher konnte ich dem Klienten im folgenden Fall auch gut helfen:

Vor vielen Jahren kam *Ewald P.* in meine Praxis. Der 60-jährige Bauingenieur hatte davon gehört, dass man Erektionsstörungen und Impotenz mithilfe von Hypnose wieder „in den Griff" bekommen könne. Seit über vierzig Jahren mit seiner Frau Hannelore verheiratet, ging „so langsam die Luft raus", wie Ewald berichtete. Sex war „seltener als Weihnachten und dann noch nicht einmal halb so schön". Sicher, seine besten Jahre waren vorbei, aber keine Manneskraft mehr zu verspüren war hart, im Gegensatz zu seinem Glied, wenn es darauf ankam. Rund 50 Prozent aller Männer ab 60 sind angeblich von einer erektilen Dysfunktion, wie die Ebbe im Hosenstall medizinisch genannt wird, betroffen. Davon spricht man, wenn es innerhalb von einem halben Jahr zu keiner ausreichenden Erektion gefolgt von befriedigendem Verkehr kommt. Die Ursache gilt in der Medizin, wie so oft,

als multifaktoriell. Angeblich ist sie durch Prostatavergröße-
rung, Diabetes, falsche Ernährung, Hormonstörungen und –
am Rande nur – von psychosozialem Stress verursacht. Die
armselige Liste der Augenwischereien, mit denen betroffene
Männer von Ursache und Lösung abgelenkt werden, erzeugt
bei mir nahezu Fremdschämen für den Arzt. Bei Ewald hal-
fen weder die blauen Pillen mit dem PDE-5-Hemmer noch
SKAT, direkt in den Penis injiziert, interessanterweise nicht
im Geringsten.

Abgesehen davon, dass mein Klient sicher nicht drei-
mal täglich jedem Mitmenschen am Arbeitsplatz oder in
der U-Bahn von seinem Problem erzählt hat und mir daher
mit abgewendetem Blick und leiser Stimme von seinem
Leid berichtete, so schien er ohnehin eher ein Mann von
der Sorte *Pantoffelheld* zu sein. Seine Frau hatte die Hosen
an und bestimmte, wo es langging. Fast weinerlich gab der
Ingenieur zu verstehen, wie gern er mal wieder mit seiner
Frau schlafen würde. Meine erste Frage schreckte ihn auf:
„Wie klappt es denn mit der Selbstbefriedigung? Oder bei
Bordellbesuchen?" Nun, wenn die Menschen sich dazu ent-
schließen, psychologische Hilfe in Anspruch zu nehmen, ist
meistens schon „Holland in Not", obwohl doch die Kurskor-
rektur unserer „Software" das Mittel der ersten Wahl sein
sollte. Also finden die Menschen sich innerlich und voller
Demut damit ab, dass sie bei mir „die Hosen runterlassen"
müssen, ohne zu wissen, dass sie beim Tiefenpsychologen
schon beim Hereinkommen splitternackt und bei mir am
sichersten Ort der Welt sind. Ob jemand onaniert oder Frö-
sche küsst, pupst, rülpst oder kifft, ist mir gleich. Mir ist nur
wichtig, dass es meinen Klienten am Ende gut geht. „Ohne
Happy-End geht keiner nach Hause", ist mein Credo. Also
gab Ewald seine Verklemmtheit auf, packte aus und erzählte

mir von Internet-Pornos und dass er sich selbst gut befriedigen kann – sich aber dennoch wie ein Versager fühlt.

Wenn sich bei der Selbstbefriedigung eine brauchbare Erektion zeigt, soll mir kein Arzt erklären, wir hätten es hier mit irgendeiner medizinischen Indikation zu tun. Ein gebrochenes Bein ist ja auch nicht an der Arbeitsstelle kaputt und beim Tanzen wieder heil.

Es war ganz klar, dass Ewald beim Sex mit seiner Frau unter Stress litt. Dieser bestand in den Bedingungen, die sie stellte. „Schau mir nicht so auf den Bauch, ich weiß, dass ich zu dick bin", „Mach das Fenster zu, die Nachbarn hören doch alles", „Mach das Licht aus", das waren ihre Vorgaben, bevor es dann endlich einmal und gut vorbereitet zur Sache gehen durfte. Wenn man weiß, dass die Gehirnareale, die sich um Erwartungsdruck kümmern, die Funktionen der Libido glatt außer Kraft setzen, muss man sich nicht wundern, dass der Mann nicht konnte. Ewald wusste es nicht, aber es leuchtete ihm ein. Jetzt wissen Sie auch, wie die berühmte *Zigarette danach* zustande kommt. „Nicht länger funktionieren müssen!" wird von pflichtbewussten Liebhabern durch eine Zigarette mit einem Alibi versehen.

Ewald erzählte mir von seiner Mutter, die nicht nur sehr prüde war, sondern ihm als Junge stets das unterschwellige Gefühl gegeben hatte, er wäre als Mann ein potenzieller Vergewaltiger. In einer Hypnose kam Ewald der Gedanke, dass die Mutter als junges Mädchen selbst sexuelle Übergriffe erlitten haben könnte und somit bei ihrem Sohn erzieherisch vorbeugen wollte, damit er nicht auch ein „Schmutzfink" würde. Da Menschen unterbewusst oft einen Mustervertreter der eigenen Eltern zum Partner nehmen[17], wurde klar, dass Ewald seine „Mutter" geheiratet hatte. Ihre Kontrolle machte ihm Schuldgefühle, Disziplindruck und Angst. Das Gefühl, Bedingungen erfüllen zu müssen, den Sex derart praktizieren zu müssen, wie es der Frau beliebte, setzte ihn emotional außer Gefecht.

Bei Frauen kommt die Impotenz – Frigidität genannt (was für ein Unwort!) – übrigens aus ähnlichen Gründen zustande: durch das Gefühl, dem Partner gefallen zu *müssen*, für Befriedigung sorgen zu *müssen* und die eigenen Bedürfnisse hintanstellen zu *müssen*. Hinzu kommen bei Frauen mit libidinösen Störungen nicht selten Erlebnisse sexuellen Übergriffs. Darunter verstehe ich nicht unbedingt *krimireife Vergewaltigungen*, sondern Bevormundung jeglicher Art, die im Zusammenhang mit dem Sexual- bzw. Ausscheidungsorgan, sprich der Vagina, stehen. Ein prüdes, stark religiös geprägtes Elternhaus ist nicht automatisch eine sexualitätslose Umgebung für ein Kind: Erschreckenderweise berichten mir gerade die Frauen in meinem Klientel, die ein sehr rigides Elternhaus hatten und mit strengen sexuellen Tabus aufgewachsen sind, von Übergriffen seitens der Familie. Hinzu kommt: Sexualität lässt sich zwar in der Handlung unterdrücken, aber selten in der Thematisierung. Ein verschämter Blick, eine empörte Bemerkung oder Verklemmtheit in Bezug auf den Gebrauch der Toilette erzeugt beim Kind eher das Gefühl, dass es Sexualität zwar gibt, diese aber „verboten" ist.

Nachdem ich Ewald die Sichtweise seiner Mutter, seiner Frau und seiner eigenen Seele in Hypnose gezeigt hatte, empfand er seine Frau nicht länger als Kontrollinstanz, sondern als ängstlich und sich selbst nicht als sexuelle Gefahr für sie, sondern als Chance für den Lustgewinn.

Sechs Wochen später, nach zwei kurzen Folgesitzungen, in denen wir über sein Verhältnis zum zurückhaltenden

Vater und zum brutalen Opa sprachen, die beide nicht als Inbegriff positiver maskuliner Vorbilder dienen konnten, klappte es endlich wieder im Bett. Am Telefon fragte mich Ewald, ob seine Frau zwischenzeitlich auch bei mir gewesen wäre, da sie sich in letzter Zeit so positiv verändert habe. „Nein", erklärte ich, „Sie sind ein Zahnrad in einem Uhrwerk. Wenn Sie sich bewegen, dann bewegen sich die anderen Zahnräder automatisch mit." Seine Frau hat offensichtlich einfach nur gespürt, dass ihr Mann ihr mit seiner neu gewonnenen Erwachsenheit mehr Sicherheit gab und sie dadurch weniger kontrollieren musste.

Der Geistesblitz auf dem Klo

Bleiben wir noch kurz thematisch im Untergeschoss: Toilettengewohnheiten sind weltweit das Tabu Nummer eins. Die Menschen sprechen eher über ihre Sexualität oder ihr finanzielles Einkommen als darüber, was sie auf dem stillen Örtchen so treiben, wie der deutsche Psychologe Bernd Gasch in einer Studie an der Universität Dortmund herausgefunden hat. Aber über eines gibt man schon manchmal Auskunft: wenn man bei der „Sitzung" eine Idee hatte. Nicht selten kommt es vor, dass Menschen beim Stuhlgang, ebenso wie beim Baden oder Duschen, plötzlich eine kreative Eingebung bekommen. Das liegt, wie Sie sich nun vorstellen können, daran, dass es in diesen paar Minuten des Alltags keinen Erwartungsdruck gibt. Wenn man einen Moment lang Zeit für sich selbst hat, ist das Hirn nicht länger mit Pflichten und der Angst vor Ablehnung blockiert. Wenn man „das Gehirn einmal in Ruhe denken lässt", so nenne ich das, kann es wirklich großartige Leistungen vollbringen. „In der Ruhe liegt die Kraft", so heißt es ja auch nicht umsonst. Erwartungsdruck-freier Raum ermöglicht uns, Einfälle zu bekommen, Probleme zu lösen, kreativ zu sein und vieles mehr. Je größer der Druck im Alltag, desto deutlicher ist die geistige Erleichterung während der „Erleichterung" auf der Toilette. Diejenigen, die ohnehin recht gelassen durchs Leben gehen, werden den Kreativschub auf dem Klo kaum wahrnehmen.

Nicht *müssen*, sondern *dürfen* ist es, weshalb Menschen unter der Dusche oder in der Badewanne meist besser singen als auf der Bühne im Vereinsheim. Wenn kein Richter im Kopf sitzt, der alles abwertet, klappt es mit dem Denken plötzlich besser. Vielleicht sollten Kreativ-Agenturen ihre Brainstorming-Meetings besser in der Keramikabteilung abhalten?

So stellen Sie Ihr Gehirn auf Erreichen ein!

Erwachsene reagieren nicht – sie *entscheiden*, so sage ich meinen Klienten immer. Damit ist gemeint, dass man stets die Verantwortung für sein Handeln übernimmt, und das geht nur, wenn man damit einverstanden ist. Wenn Sie also durch Druck zu einer Reaktion gebracht werden, dann handeln Sie ohne innere Zustimmung, baden aber trotzdem die

Konsequenzen aus. Schauen wir also, dass niemand anders mehr Ihre Knöpfe drückt, denn wir wissen ja, dass Erwartungsdruck und *Müssen* anfällig, schwach und erfolglos machen. Wenn Sie ein Ziel so begeistert, dass Sie nachts davon träumen, dann erreichen Sie es eines Tages wie im Schlaf. Sie können Ihren Autopiloten auf *Erfolg* einstellen, indem Sie Ihr Selbstvertrauen wieder wecken. Dazu bedarf es lediglich der Bereitschaft, Risiken nicht zu vermeiden, sondern in Kauf zu nehmen. Nicht vermeiden, sondern erreichen! Darum geht es!

Eine nachhaltige *Strategie des Erreichens* ist also dadurch gekennzeichnet, dass Sie ein emotional relevantes Ziel ansteuern und alles dafür in Kauf nehmen, was notwendig ist, um dieses Ziel zu erreichen. Angst, Befürchtungen, Zweifel, negative Glaubenssätze und das Fokussieren auf Gefahren – all dies blockiert Ihr Gehirn und tritt kräftig auf die Erfolgsbremse.

Das kontrollierte Vermeiden bringt Stillstand, bestenfalls Stabilität, aber keine langfristige erfolgreiche Entwicklung. Nachhaltigkeit ist nämlich nur dann gegeben, wenn das In-Kauf-Nehmen keine weitere unüberwindbare Grenze erzeugt. Das, was Sie tun, sollte von anderen nicht sabotiert werden. Hierfür braucht es zwar Selbstvertrauen, doch damit sind wir von Geburt an ausgestattet. Mit Selbstvertrauen haben Sie als Kleinkind laufen und sprechen gelernt: Sie *mussten* nicht, Sie *wollten* und haben dafür mit höchster Risikobereitschaft (unterbewusst) alles in Kauf genommen. Hätten Sie Ihr Handeln angstvoll und rational kontrolliert, also sich vorher überlegt, mit welchen Muskelbewegungen Sie am besten die Balance halten, und hätten Sie in Betracht gezogen, dass Sie sich beim Versuch zu laufen den Schädel einrennen könnten, würden Sie heute noch als Erwachsener auf dem Boden krabbeln![18]

Das Wunder des (unter-)bewussten Erfolgs

Das Gehirn kann nicht anders, als erfolgreich zu sein. Es setzt präzise um, womit Sie es beauftragen. Dabei arbeitet unser Gehirn die Prioritätenliste von oben nach unten ab. Die höchste emotionale Priorität wird als Erstes umgesetzt, da die größte Menge an angesteuerten Synapsen die größte Kettenreaktion im Gehirn erzeugt. Ist der oberste Befehl abgearbeitet oder in seiner Bewertung heruntergestuft, kommt die nächste Aufgabe dran. Wenn Sie beispielsweise ein Stück Torte essen wollen, aber es sitzt eine Wespe darauf, werden Sie selbstverständlich zunächst die Wespe loswerden wollen.

Wenn Sie morgens die Arbeit verschlafen, dann war Ihnen das Aufwachen offenbar nicht emotional wichtig genug – sonst wären Sie rechtzeitig wach geworden. Wenn Sie einen Autounfall verursachen, dann war Ihnen die Straßenverkehrssicherheit offenbar gerade leider nicht das Wichtigste, sondern die Verarbeitung anderer Daten, wie etwa der Streit mit dem Partner, der schöne blaue Himmel, die eingehende SMS oder was auch immer. Ebenso, wenn Sie ein Flugzeug verpassen. Etwas anderes war Ihnen offenbar unterbewusst wichtiger, als den Plan einzuhalten – etwa die letzten Stunden vor der Abreise mit Ihrem Schatz zu verbringen, sich nicht mit Informationen über die Straßenverkehrslage belasten zu wollen, nicht zu lange am Flugsteig warten zu wollen oder Ähnliches. Das Gehirn tut immer, was man ihm sagt.

Das heißt nicht, dass Sie selbst daran *schuld* sind, aber Sie sind für Ihre Handlungen mitverantwortlich. Es ist egal, welche Priorität Sie setzen, es wird immer etwas dafür in Kauf zu nehmen sein. Wir erreichen alles, zahlen aber auch immer dafür einen Preis.

In autoritären Strukturen werden Menschen meist mit Verhaltenslöschung durch Strafe, Ablehnung und destruktiver Kritik erzogen, sodass viele dadurch zu *Vermeidern* werden. Also Schmerz, Zurückweisung und Diskussion vermeiden. Die meisten „erfolglosen" Menschen verwenden ihre Geisteskraft für das Vermeiden, nicht für das Erreichen.

Wenn Sie also nun ganz bewusst ein Ziel erreichen wollen, dann geht das nur, indem Sie die emotionale Bedeutung an oberste Stelle setzen. So hoch, dass Sie dafür Ihr Leben riskieren würden. Genau so haben Sie mit rund einem Lebensjahr Ihre ersten freihändigen Schritte gemacht. Sie sahen etwas vor sich, etwa das Sofa, die Mama oder den Fernseher, und wollten dorthin – so schnell wie möglich und egal wie. Sie wussten weder, wie man die Balance hält oder die Beine voreinander setzt; es war Ihnen auch völlig gleichgültig, ob Sie hinfallen und sich wehtun. Es ging Ihnen gar nicht ums Laufen! Es ging um ein Ziel, das Ihnen so wichtig war, dass Sie ein Wunder wahr werden ließen. Dieses Wunder können Sie jederzeit wiederholen, wenn Sie der folgenden Anleitung Schritt für Schritt folgen (vielleicht nehmen Sie sich einen Zettel und einen Stift dazu – und viel Zeit zum entspannten Nachdenken):

a) Setzen Sie sich ein klares Ziel und einen Zeitpunkt, zu dem Sie es erreicht haben wollen (Ziel 1).

b) Überlegen Sie: Welche Schwierigkeiten könnte es bei der Umsetzung des Ziels geben (Hindernis)?

c) Versuchen Sie, den wahren Grund für Ziel 1 herauszufinden – warum ist es Ihnen so wichtig? Finden Sie das dahinter liegende, tatsächliche Ziel (Ziel 2).

d) Überlegen Sie, was Sie dafür alles in Kauf nehmen müssen (Preis).

e) Nehmen Sie den „Preis" in Kauf, indem Sie sich ausschließlich auf das Ziel fokussieren. Achten Sie nicht auf die Risiken und Gefahren, achten Sie nur darauf, wie gut es für Sie ist, das Ziel zu erreichen (emotionale Priorität).

f) Sie erreichen das tatsächliche Ziel auf bislang unbekanntem Weg (Erfolg).

Beispiel 1

Der 35-jährige Jakob möchte über Weihnachten in die Karibik verreisen (Ziel 1), ist aber leider pleite (Hindernis).

Er möchte die Natur und die Wärme genießen, eine gleichgesinnte Frau kennenlernen, seinen Wohlstand spüren. Der dahinter liegende Grund ist: Er möchte das Gefühl haben, geliebt zu werden, und er will keinen Erwartungsdruck mehr spüren (Ziel 2).

Er muss in Kauf nehmen, dass seine Mutter einen Nervenzusammenbruch erleidet, weil ihr „Junge" zu Weihnachten nicht daheim ist. Er muss zudem das Geld dafür auftreiben und riskieren, dass er im Urlaub keine passende Partnerin findet. Er riskiert, dass andere ihm Schuldgefühle einreden wollen, weil er sein Glück sucht (Preis). Um die Reise zu finanzieren, inseriert er einige alte Sachen vom Dachboden zum Verkauf. Es meldet sich auf die Anzeige eine Frau, mit der er sich spontan gut versteht, obwohl sie nicht seinem „Beuteschema" entspricht. Er verliebt sich in sie, verbringt mit ihr zu Hause Weihnachten (Erfolg). Die Karibik war nur das vordere Ziel, das hintergründige Ziel war Liebe. Hätte Jakob sich auf die Reise und die damit verbundenen Schwierigkeiten versteift, hätte er aus Angst vor seiner Mutter vielleicht nichts unternommen.

Beispiel 2

Die 47-jährige Charlotte möchte bis zum Frühlingsanfang 20 Kilo abnehmen (Ziel 1), mag aber keinen Sport und isst gerne kalorienreich (Hindernis).

Sie fühlt sich unattraktiv und dadurch angreifbar. Sie will positive Beachtung, ernst genommen und nicht von Menschen abgelehnt werden (Ziel 2).

Charlotte muss die Frustration des Jo-Jo-Effektes und des Scheiterns in Kauf nehmen. Sie muss riskieren, auch abgelehnt zu werden, selbst wenn sie schlank ist, und sie muss mit Neidern rechnen, die über sie missgünstig lästern, wenn sie abnimmt. Ferner muss sie mit unerwünschten Avancen von Männern rechnen (Preis).

Das Ziel, Respekt und Anerkennung zu bekommen, erreicht Charlotte durch einen Volkshochschul-Kurs für Selbstsicherheit und Selbstbewusstsein. In der Folge bleibt der stressbedingte Appetit aus. Zudem wirkt sie freundlicher und gelassener, woraufhin das Mobbing im Büro aufhört. Infolgedessen nimmt Charlotte ab, ohne zu wissen, wie sie das gemacht hat (Erfolg).

Die Geldformel

Menschen, die Motivationsratgeber kaufen, wollen oftmals die persönliche finanzielle Situation verbessern. Sie auch? Dann sollten Sie sich, wenn Sie wirklich vermögend werden wollen, in sehr positiver Weise mit Geld beschäftigen. Viele Menschen verknüpfen Geld nämlich mit negativen Aspekten wie Machtmissbrauch und Überheblichkeit. „Geld verdirbt den Charakter", so heißt es. Ich weiß nicht, wie viele Menschen Sie kennen, die sich zu charakterlosen Unsympathen

entwickelten, nur weil sie zu Geld kamen. Ich glaube, dass genau diese Menschen auch ohne Geld als charakterlose Unsympathen empfunden wurden, ihnen aber lediglich die Handlungsfähigkeit fehlte, andere zu dominieren. Ich gehe davon aus, dass in unserer materiell orientierten Leistungsgesellschaft Armut einen Menschen derart unzufrieden werden lässt, dass er hierdurch in einen Teufelskreis gerät. Viele Menschen, die sich arm fühlen, belasten damit ihre Freunde und Bekannten und werden nicht selten vor Wut und Kummer krank. Da ich viele Menschen kenne, die aus purer Verachtung vor Vermögenden beziehungsweise aus Angst vor Neidern arm geworden sind, spreche ich aus, was jeder vermutet: Sich vermögend zu fühlen, hat psychisch gesehen einen ähnlichen Status wie satt, ausgeschlafen und durstfrei zu sein – es ist nicht das Paradies auf Erden, hält aber den Rücken frei für Wichtigeres.

In meiner Studienzeit lernte ich einen über 90-jährigen zigfachen Millionär kennen. Bei einem Spaziergang im Park sprachen wir über seinen Erfolg. Neugierig fragte ich ihn, was denn das Geheimnis seines Reichtums wäre. Er stammte weder aus vermögendem Elternhaus noch hatte er nach dem Zweiten Weltkrieg bessere Chancen gehabt als andere. Trotzdem hatte er ein enorm erfolgreiches Konfektionsunternehmen gegründet. Seine Antwort war: „Herr Winter, Sie müssen es lieben, Geld zu verdienen." Ich stutzte, bedankte mich mit einem nachdenklichen „Aha …", aber er wiederholte insistierend: „Sie haben nicht verstanden: Sie müssen es lieben, Geld zu verdienen!" Und er betonte dabei jedes einzelne Wort. „Jedes dieser Worte ist dabei wichtig, Herr Winter!" Und er erklärte mir, zunächst müsse es um mich persönlich gehen, wenn ich selbst vermögend werden wolle.

Nicht jemand anders solle das Geld für mich verdienen, sondern *ich selbst*. Dann müsse ich es auch *lieben*, das Geld zu verdienen, und nicht einfach nur angenehm finden. Es sollte also werden wie ein Hobby.

Klar, der Wunsch des Unterbewusstseins, nicht der des Verstandes entscheidet. Das Geld muss auch verdient sein, nicht gewonnen, geschenkt oder ergaunert, denn sonst ist es mit einem unterbewussten „Fluch" behaftet, der es schneller wie-

Tipp

Manche von Ihnen mögen es schon kennen: Nehmen Sie ein Bündel Geldscheine, die Sie für verdient halten, und ordnen Sie diese nach Wert und Größe. Legen Sie dieses Geld an einen sicheren Ort, und stellen oder legen Sie einen rituellen Gegenstand – etwa ein bedeutsames Schmuckstück oder am besten eine Miniatur-Edelsteinpyramide – darauf. Falls Sie eine Pyramide nehmen, achten Sie bitte darauf, dass die vier Seiten zu den vier Himmelrichtungen zeigen. Sobald Sie wieder eine Banknote bekommen, sortieren Sie diese ebenfalls in den Stapel ein. Sie werden sich nach einer Weile wundern, wie sehr sich Ihr Geld anhäuft. Erklärbar wird dieses Phänomen durch die erhöhte Affinität zu Besitz sowie die vollzogene Wohlstandsverwaltung, im Gegensatz zur Mangelverwaltung. Je mehr Ihnen bewusst wird, dass Sie verdientes Geld besitzen, desto leichter fällt es Ihnen, dieses zu behalten oder besser noch: in sich selbst zu reinvestieren. Viele meiner Leser, die diesen kleinen Trick ausprobierten, waren erstaunt, wie gut diese „unlogische Albernheit" ihr Geld vermehrt.

der verschwinden lassen kann, als es gekommen ist, und noch weiteres Geld mitreißt. Das kann man an vielen Lottomillionären sehen, die ihre Gewinne nach wenigen Jahren verprasst haben und nun aufgrund von Verbindlichkeiten ärmer sind als vor dem Geldgewinn.

Sie müssen es also wirklich lieben, Geld zu verdienen! Das Verdienen ist der Clou, nicht das Geld. Dann fließt es zu Ihnen. Wenn Sie mögen, helfen Sie mit einem bewusstseinsverstärkenden Ritual nach (siehe Kasten links).

Vor vielen, vielen Jahren hörte ich den berühmten Finanzcoach *Bodo Schäfer* bei einem Vortrag in meiner Heimatstadt Dortmund. Er empfahl uns Zuhörern, immer einen Tausend-DM-Schein in der Geldbörse zu tragen. Das würde das Gefühl von Reichtum bestärken und somit wahren Reichtum anziehen. Das allgemeine Gelächter ließ darauf schließen, dass einige der Zuhörer vielleicht etwas irritiert waren, bestand das Auditorium in der Arbeiterstadt doch eher aus Menschen, die noch niemals einen Tausender gesehen, geschweige denn besessen hatten. Doch Bodo Schäfer ist ein erfahrener Coach, und der Tipp ist durchaus in Ordnung – wenn man erst einmal den Schein hat und diesen tatsächlich nicht anbricht.

Ein mindestens ebenso effektives Werkzeug, um die Verdienstblockade aufzulösen, ist meine sogenannte „Geldformel". Sie lautet:

Verdienst = (Leistung + Wert) x Bekanntheitsgrad

Die Leistung ist hierbei eine Art Summe aus Zeit und Energie, die Sie für eine Handlung oder einen Prozess aufwenden.

Das bedeutet: Wenn Sie etwas leisten und bekannt sind, aber Ihre Leistung für andere keinen Wert hat, dann fließt auch kein Geld von anderen. Dies träfe etwa für einen stadtbekannten Trunkenbold zu, der den ganzen Tag herumlungert. Fehlt zudem auch noch der Bekanntheitsgrad, wie etwa bei einem introvertierten Briefmarkensammler, der stundenlang im Keller seine Alben sortiert, dann fließt ebenso kein Geld. Sind Sie bekannt, können auch etwas Wertvolles, vollbringen diese Leistung aber nicht (mehr), etwa wenn Sie in den Ruhestand gehen und nur noch im Schaukelstuhl sitzen, dann fließt ebenfalls kein Geld. Erst wenn alle Faktoren stimmen, bekommen Sie Geld – als Gegenwert für Ihre Leistung.

Dabei ist übrigens Ihre Leistung der schwächste Faktor und Bekanntheitsgrad der stärkste – das gilt nicht nur für Künstler und Selbstständige, sondern auch für Angestellte und Beamte: Sie müssen mit dem Wert Ihrer Leistungen bei genau demjenigen bekannt sein, der über Ihre finanziellen Zuwendungen entscheidet. „Marketing" nennt man das. Derjenige, von dem Sie Ihr Geld beziehen, muss wissen, wofür er es Ihnen geben soll, sonst kommt das Geld nicht zu Ihnen. Problematisch ist jedoch, dass wir ja lernen, uns lieber nicht hervorzutun. „Bescheiden sein ist eine Zier ...", so heißt es. Schließlich dürfen wir ja nicht egoistisch und selbstverliebt sein. „Eigenlob stinkt!", bekommen wir ins Nervenkostüm gebrannt. Viele selbstständige Handwerker und Heilpraktiker gehen trotz hoher Kompetenz und guter Preise geschäftlich zugrunde, weil sie es einfach nie gelernt haben, auf sich aufmerksam zu machen. Zu groß ist die Angst, für seine „Pfauenfedern" von den inneren Richtern gerügt zu werden. Doch wenn Sie keiner kennt, kann auch niemand zu Ihnen kommen! Marketing ist keine Lügerei, sondern im besten Fall Information, für die Ihnen Ihr Kunde sogar dankbar ist.

Fassen wir noch einmal zusammen: Man darf sich beim Erreichen seiner Ziele nicht auf das Geld konzentrieren, sondern tunlichst nur auf den guten Grund dafür. Sie müssen es lieben, etwas zu tun, wofür Sie Ihr Geld bekommen. Erfolg ist das Umsetzen, das Manifestieren der Leistung in der Welt. Denken Sie daran: Beim Laufenlernen ging es Ihnen auch nicht primär ums Laufen; stattdessen wollten Sie etwas, das Ihre Aufmerksamkeit gefesselt hat, um jeden Preis erreichen. Das Laufen geschah ganz nebenbei von allein.

Sie sind bereits Millionär

Da Geld gern durch Wohlstand angezogen wird und nicht durch Mangel, sollten Sie sich idealerweise darüber im Klaren werden, dass Sie in einem sehr reichen Land leben. Falls Sie sich für arm halten, stellen Sie bitte einmal folgende Überlegung (schriftlich) an:

Wie viel Geld haben Sie innerhalb der letzten zwanzig Jahre besessen? Überschlagen Sie grob, und rechnen Sie alles zusammen: Lohn, Geldgeschenke, Preise und Gewinne, Geldfunde, Steuer- und Versicherungsrückzahlungen, Prämien und Zinsgewinne. Rechnen Sie dabei DM in Euro zum Kurs von 1:1 um – eine DM entspricht somit einem Euro. Haben Sie's? Dann ermitteln Sie bitte den Jahresdurchschnitt, indem Sie die Gesamtsumme durch die 20 Jahre teilen. So – nun überlegen Sie: Wie lange werden Sie wohl noch Geld verdienen, inklusive Rente und Lebensversicherung? Diesen Zeitraum multiplizieren Sie mit Ihrem ermittelten Jahresdurchschnitt und addieren größere Summen aus Versicherungen, Verträgen und Verkäufen, falls Sie welche erwarten. In der Regel steigert sich das Einkommen in jedem Lebensjahrzehnt. Glauben Sie immer noch, Sie wären wirklich arm? Sie sind im Regelfall in Ihrem Leben Millionär, haben es vielleicht nur nicht bemerkt!

Wie viel Geld werden Sie in Ihrem Leben noch für Energie und Wasser ausgeben? Sie werden dieses Geld ausgeben! Also werden Sie es auch verdienen. Selbst wenn Sie auf einer Parkbank oder unter einer Brücke wohnen und dieses Buch im Müll gefunden haben sollten: Sie kommen nicht drumherum, Geld zu verdienen, denn sonst könnten Sie sich we-

der ein Toastbrot noch eine Schachtel Zigaretten kaufen. Machen Sie sich bewusst, dass es unmöglich ist, kein Geld zu bekommen.

Doch ich betone noch einmal den wichtigsten Aspekt: Dauerhaft Geld verdienen werden Sie nur dann, wenn dieser Wert (für andere) auch von Ihnen selbst erkannt und akzeptiert wird. Sie dürfen kein Schuldgefühl wegen Ihres Geldes haben, sonst werden Sie es unterbewusst sehr schnell wieder los. Erst wenn Sie das, was Sie leisten, auch wirklich selbst für wertvoll erachten, werden Sie dauerhaft vermögend. Ihr Wertgefühl muss derart ausgeprägt sein, dass Sie sich in Anbetracht des Wertes Ihrer Leistungen als unterbezahlt empfinden. Nur dann erreichen Sie den „verdienten" Wohlstand, den eine Selbstwertstörung bisher verhindert hat. Wenn Sie also denken, Sie *müssten* Geld verdienen, dann werden Sie diese Aufgabe eines Tages satt haben. *Wollen* Sie etwas tun, das Sie begeistert und zudem Geld bringt, sind Sie unermüdlich.

Schlusswort

Müssen macht nicht nur müde, sondern auch krank. Doch aus wirtschaftlichen und politischen Gründen wird der Druck aufrechterhalten.

Wir alle sind mehr oder weniger verletzte Kinder, auf der Suche nach Liebe und Anerkennung. Dieses System hat uns alles, was wir seelisch so dringend brauchen, weggenommen: Respekt, Freiwilligkeit, Anerkennung, Sexualität, Entfaltung, Selbstsicherheit, bedingungslose Liebe. Stattdessen bekamen wir Verbote, Kritik, Einschränkungen, Bedingungen, Druck und Befehle – und deswegen glauben wir, unsere Existenzberechtigung mit Angepasstheit erkaufen zu müssen. Damit wurden wir zu Verdurstenden, die bereit sind, jeden Cent für einen Schluck Wasser auszugeben. Es ist absolut legitim, den Wohlstand zu genießen, den unsere Arbeitsleistung erzeugt. Aber glaubt irgendjemand wirklich, dass wir nur noch den ganzen Tag faul und untätig herumsitzen, bloß weil wir nicht zum Arbeiten gezwungen werden? Wir sind der *Homo sapiens*, wir wurden als göttliche Wesen gezeugt, als Menschen geboren und zu Kindern gemacht. Doch wenn wir uns auf unsere Göttlichkeit besinnen, wenn wir spüren, wer wir sind, ein Wesen voller Mitgefühl, handlungsfähig und friedliebend, dann beginnen wir wieder im Sinne einer Gemeinschaft zu leben.

Die Erforschung der Welt zum Nutzen aller Wesen, das kann nur der Mensch! Wir würden ganz automatisch Dinge beenden bzw. einstellen, die des Menschen unwürdig sind: Raubbau an der Natur, Massentierhaltung, Vergewaltigun-

gen, Sklaverei, Mord und Kriege. Die Kinder von Naturvölkern zeigen es: Unter optimalen Bedingungen teilen sie, lachen viel, schlafen, wenn sie müde sind, essen, wenn sie Hunger haben, und sind gesundheitlich abwehrstark. Echte Menschen unterstützen einander und halten bei Gefahren zusammen. Es wird noch einige Generationen dauern, bis auch wir wieder zu solchen Menschen werden. Noch sind wir *Zivilisierte*, Arbeitssklaven in einer Leistungsgesellschaft, die von klein auf lernen: „Ora et labora!", also „Bete und arbeite!" Nicht etwa: „Sei gesund, und entfalte deine Fähigkeiten im Einklang mit deinen Mitmenschen." Nein: „Sei obrigkeitshörig und tu, was man dir aufträgt!", wird uns unmissverständlich eingeimpft.

Doch das Virus der Freiheit greift bereits um sich. Der Selbstheilungsprozess der Menschheit hat begonnen. Reifeschritte lassen sich nicht rückgängig machen. Weder beim Individuum noch bei einer Gesellschaft. Also hören Sie nicht auf Ihre Kritiker, hören Sie nicht auf die, die Sie einschränken wollen. Hören Sie auf diejenigen, die Sie lieben und verstehen, und vertrauen Sie auf Ihr Bauchgefühl. Tun Sie das, was Sie selbst wirklich für richtig halten, denn nur das ist richtig. Leben Sie Ihr Leben freiwillig, verantwortungsbewusst und selbstbestimmt, dann leben Sie wie ein Mensch. Wollen macht nicht nur wach – Wollen macht erwachsen.

Anhang

Niemals arbeiten müssen

... oder: Warum ich Coach geworden bin

Vor einiger Zeit bin ich gefragt worden, ob ich nicht die ganzen menschlichen Schicksale und Tragödien, mit denen ich im Laufe meiner Arbeit konfrontiert werde, als emotionalen Ballast mit in den Feierabend nach Hause nehme. Ich musste kurz nachdenken. Es stimmt, die Klienten, die uns aufsuchen, haben teilweise sehr erschütternde Biografien: Kriegstraumatisierungen, Misshandlungen, Folter, Abtreibungsversuche, Erniedrigungen, sexuelle Nötigungen und Missbrauch. Entsprechend sind die Problemstellungen, die Menschen aus aller Welt zu uns führen: Borderline-Störungen, Krebs, Suizidgedanken, Burn-out und Depression, Allergien und Neurodermitis, Herz-, Nieren- und Bauchspeicheldrüsenprobleme, Autoaggression, Schulden, Partnerschaftskonflikte usw.

Meine Aufgabe als Coach besteht darin, die Betroffenen ihre emotionalen Grundmuster erkennen zu lassen, also den Zusammenhang zwischen Biografie und Symptom bewusst zu machen. Genau damit kann das erlittene Trauma vom Betroffenen rational erfasst und emotional neu bewertet werden. Aufgrund dessen kann chronischer Stress vermindert werden oder gar verschwinden und somit auch seine Folgeerscheinungen, die Symptome.

Aber nehme ich Ballast von der Arbeit mit nach Hause? Einerseits versuche ich stets, eine rasche und effektive Lösung der Probleme zu finden. Ein gründliches Coaching sollte eine verhaltensändernde Erkenntnis und nicht etwa ein langwieriges Annähern an den Wunschzustand schaffen, schließlich wollen die Menschen Hilfe und nicht Trost.

Daher ist es ganz egal, mit welchem Thema ein Mensch zu mir kommt: „Ohne Happy End geht keiner nach Hause!", so lautet mein Motto.

Also nehmen weder die Klienten noch ich deren Leiden mit nach Hause. Sicher brauche ich mit meinem Ansatz und Vorgehen selbst auch manchmal einen zweiten oder dritten Coachingtermin, um einen Menschen in die Symptomfreiheit zu entlassen. Aber grundsätzlich sollte bei uns die Endstation des Leidensweges sein. Daher ist es eigentlich ganz egal, mit welchen Schreckensgeschichten jemand zu mir kommt. Wir ziehen einen Schlussstrich darunter.

Ich selbst habe nicht das Empfinden zu *arbeiten*. Würde ich meine Tätigkeit als Arbeit empfinden, könnte ich sie nicht ansatzweise so zielführend machen und hätte nicht innerhalb von zehn Jahren ein so großes Coaching-Institut aufbauen können und nebenbei Bücher schreiben, Vortragsreisen machen, Seminare gestalten, Mitarbeiter schulen und über 300 Coaches ausbilden können. Nein, ich arbeite nicht als Coach, ich bin Coach. Und genau das ist der Grund, warum ich daraus einen Beruf gemacht habe, eben weil es mir so leichtfällt, weil ich nicht arbeiten muss! Ich wäre niemals Coach geworden, wenn es für mich Arbeit bedeutete, wenn ich mich dafür anstrengen müsste und Pausen oder Urlaub bräuchte. Ich rate auch jedem, den ich ausbilde: Arbeite nicht! Denn Arbeit macht krankheitsanfällig und nicht besonders erfolgreich. Begeisterung macht erfolgreich! Und Begeisterung belastet nicht.

Natürlich dachte ich als Kind oft wie die meisten Menschen, man müsse irgendwann irgendeinen Beruf mühevoll erlernen und in diesem dann jahrelang hart arbeiten und sich anstrengen, bis man irgendwann in Rente gehen darf. Diese Vorstellung war für mich der blanke Horror, bis ich begriff,

dass sie falsch ist. Und als ich dies verstand, begann ich dann mit Mitte dreißig, aus meiner Passion eine Profession zu machen! Doch fangen wir mit der Geschichte von vorn an. Sie beginnt in meiner Schulzeit.

Konfliktlösung: Ein Blick zurück

Ich bin ein sehr harmoniebedürftiger Mensch. Bereits als Teenie fand ich Zank und Streit albern und überflüssig, und so suchte ich, wenn es auf dem Schulhof zwischen zwei bis an die Zähne mit verbotenen Wörtern bewaffneten Siebenjährigen knallte, nach einer Konfliktlösung. Oft fiel mir sogar etwas ein, womit alle gut leben konnten.

Denn wo soll Streit eigentlich hinführen, wenn nicht zum Frieden? Den kann man aber auch einfacher haben (damals wusste ich allerdings noch nichts über Temperamente und festgelegte Persönlichkeitsmerkmale). Nun bringt es ja in den meisten Fällen rein gar nichts, wenn man den Streithähnen sagt: „Auseinander, vertragt euch!" Daraus entsteht bestenfalls ein Waffenstillstand, aber kein Frieden. So wurde mir schon früh klar, dass die Lösung eines Konflikts immer über den Grund des Streites führt und dieser Grund zudem bei fast allen Menschen der gleiche ist: Missverständnisse! Als ich dann noch entdeckte, dass die ganze Menschheit schon seit Tausenden von Jahren wie ein Ochs vor dem Berg vor der Frage steht, wie man miteinander konfliktfrei leben kann (sogar Ehepaare, die eigentlich die stabilste Einheit des Zusammenlebens bilden sollten), war ich erschüttert. Dabei ist das Geheimnis einer harmonischen Partnerschaft und Liebe längst bekannt – und gar nicht so schwierig.

Ich erinnere mich noch sehr gut, wie die zwölfjährige Heike sich heulend ihrer Freundin Petra anvertraute und untröstlich darüber war, dass ihr Freund Arne sie offenbar nicht genug liebte. Er habe nie Zeit für sie, treffe sich lieber mit seinen Freunden, und das Schlimmste sei, dass er sie nicht küssen würde, obwohl sie schon seit drei Wochen zusammen seien (Heike war eine echte Furie). Da Petra damit völlig überfordert war und sie mit: „Ach, der Arne ist doch sowieso doof", offenbar nicht den gewünschten seelsorgerischen Effekt erzielte und Heike mir mit ihren verheulten Augen einen hilfesuchenden Blick zuwarf, knüpfte ich mir innerlich meinen *Superhelfer-Umhang* um und flog mit gestreckten Armen herbei, dazu berufen, eine weitere Seele aus dem Tal der Tränen zu retten. Ich fragte Heike: „Kann es sein, dass der gar nicht weiß, wie sehr du ihn magst, und sich das auch gar nicht vorstellen kann?" Man muss allerdings dazu wissen, dass Heike damals in der Tat ein ziemlich steiler Zahn und Arne ein Pickelgesicht mit kariertem Pullunder, Cordhose und fettigen Haaren war. Sie blickte mich an, als hätte jemand das Licht in ihrem Kopf angeknipst. „Meinst du wirklich?", fragte sie mit unsicherer Stimme. Ich sagte: „Klar, doch! Du bist seine erste Freundin, du bist eine der Klassenbeautys, und das ist einfach zu hoch für ihn. Er ist viel zu verklemmt, um dich zu küssen. Schnapp ihn dir und küss ihn selbst. Und dann erklär ihm, was du an ihm liebst!" (Das hätte ich zwar auch gern gewusst, aber das war nicht Teil meiner Aufgabe.)

Nun, die beiden haben zwar, soweit ich weiß, nicht geheiratet und vier Kinder bekommen, aber für ein paar Wochen waren sie tatsächlich ein regelrechtes Turteltaubenpärchen. Interessanterweise veränderte sich Arne in der Zeit etwas zum Positiven. Die Pickel verschwanden und der karierte Pullunder auch. Mission erfüllt, alle zufrieden. Und so verschlang ich damals schon stapelweise Literatur über Grafologie, Traumdeutung, Psychologie und Parapsychologie und war fasziniert

davon. Alles ging mir spielerisch von der Hand. Als ich 21 war, erfuhr ich durch einen Zeitungsartikel von einem Showhypnotiseur, der ein paar Jahre zuvor noch als Radio- und Fernsehtechniker gearbeitet und erst dann die Hypnose erlernt hatte. Nun wollte er einen Rekord in Massenhypnose brechen. Das war eine sehr wichtige Information für mich, denn bis dahin dachte ich, man bräuchte besondere, vielleicht sogar angeborene Fähigkeiten, um jemanden hypnotisieren zu können. Wenn dieser Mann aber die Hypnose erlernen und erfolgreich anwenden konnte, dann hatte ich ebenso eine Chance. Sofort besorgte ich mir aus der Bücherei ein paar Bücher zum Erlernen der Hypnosetechniken, und drei Tage später probierte ich bei meinem Kumpel *Eddy* eine Hypnose aus – mit Erfolg. Hierdurch motiviert, wagte ich mich an Probanden für Raucherentwöhnungen, Gewichtsreduktion, Angstauflösung, Analgesie, Karriere- und Lernförderung. Ein nettes Hobby, von dem ich nicht genug bekommen konnte.

So habe ich beispielsweise einmal während eines Kneipenbesuches eine Migräne „kuriert" und nebenbei entdeckt, dass die Migräne ein stressbedingtes Perfektionismus-Syndrom ist. Das bedeutet, der Auslöser zu einem Migräneanfall hat meist mit der Angst vor dem Scheitern bzw. der Angst vor Ablehnung durch Versagen zu tun. Ebenso gelang es mir, bei einer 24-jährigen eine Zwangsstörung innerhalb weniger Minuten aufzulösen. Das arme Mädchen, damals eine gute Freundin von mir, hatte das zwanghafte Bedürfnis, immer, nachdem sie das Haus verlassen hatte, wieder umzukehren und alle hitzeentwickelnden Küchengeräte daraufhin zu überprüfen, ob sie auch wirklich ausgeschaltet waren. Diese Angst vor Kontrollverlust hatte ihren Ursprung in einem Kindheitstrauma mit einem brennenden Bügeleisen in ihrem Kinderzimmer, bei dem die Mutter hereinstürzt kam und hysterisch schrie.

Das Erkennen dieser Ursache brachte meiner Freundin wieder mehr Gelassenheit und Selbstvertrauen. Bis auf kleinere Misserfolge bei einer trotzigen Raucherin und einem übergewichtigen Salathasser, der abnehmen wollte, klappte alles sehr gut, doch bis zum professionellen Ausleben meiner Berufung sollten noch viele Jahre vergehen.

Nach meinen Jobs als Krankenpflegeassistent, Privatdozent für Psychologie und Soziologie entwickelte ich Marketing- und Betriebskonzepte für Großdiskotheken und landete schließlich bei einer Agentur für Branchenkommunikation am Schreibtisch als Redakteur eines B2B-Magazins. Die Untersuchung gesellschaftlicher Trends in Bezug auf die Relevanz für die Gastronomiebranche war mein Hauptthema. Ein sicherer Job, ein toller Chef, gute Bezahlung. Aber nicht sehr aufregend. Und so hörte ich im Sommer 2000 eine Stimme zu mir sagen: „Wenn du jetzt hier tot vom Stuhl fällst, schreibt ein Nachfolger bessere Texte als du, weil er viel mehr Lust darauf hat, sich mit den neuesten Trends der Gastro- und Entertainmentszene zu beschäftigen. Du solltest einen Job machen, der dich wirklich begeistert!" Ja, aber welchen? Was wollte ich denn wirklich? Wovon hatte ich denn niemals die Nase voll? Prompte Antwort vom Engel auf der Schulter: „Psychologie! Hypnose-Coachings! Klarer Fall." Doch da kam plötzlich eine andere Stimme von rechts, eindeutig von der Opposition: „Aber was ist, wenn du nicht gut genug bist, wenn du Fehler machst und die Kunden enttäuscht und verärgert sind? Dann kannst du einpacken!" Da riss meinem Engel auf der Schulter der Geduldsfaden. Er blaffte meinen *Teufel* an und rief: „Okay, du Großmaul! Dann mach doch mal einen Vorschlag! Sollen wir ins Stahlwerk? Oder auf die Zeche? Oder vielleicht kellnern?!" – „Nein", sagte der Teufel auf der Schulter kleinlaut. „Na also! Dann halt die Klappe!", entschied der Engel.

Damit stand mein Entschluss fest. Ich begann, Freunden und meinen Eltern davon zu erzählen: Ich werde Coach! Ich werde mein Hobby zum Beruf machen. Zu meiner großen Überraschung war der einhellige Tenor enorm ermutigend: „Mach das, das war doch schon immer dein Ding!" Kurz darauf begann ich, nach Feierabend bei einer Heilpraktikerin als Untermieter meine ersten bezahlten Coachings durchzuführen. Die Renner waren damals meine rückfallfreien Raucherentwöhnungen, bei denen man weder zunimmt noch ganz auf die Zigarette verzichten muss, oder auch das Abnehmen ohne Jo-Jo-Effekt, allein durch ein verändertes Gefühl beim Essen, mit dem der Stoffwechsel programmiert wird.

Nach etwa einem halben Jahr halbierte ich meine Stundenzahl in der Agentur und nach weiteren sechs Monaten kündigte ich ganz. Ich wollte nie wieder arbeiten. Meine Tätigkeit als Coach gab mir damals schon so viel Power, dass mich meine Frau förmlich zum Urlaub zwingen musste. Es lief alles wie am Schnürchen, und im November 2002 eröffnete ich meine erste eigene Praxis in der Fußgängerzone von Dortmund.

Die Kunden kamen damals schon aus allen deutschsprachigen Ländern, was ich darauf zurückführte, dass mit meinem Ansatz zum Erkennen von Symptomursachen und deren Alternativen meist nur eine einzige Sitzung nötig war, um die Ursache von Störungen zu erkennen und unschädlich zu machen.

Rückblickend wundere ich mich selbst ein wenig darüber, wie schnell mein Unternehmen gewachsen ist. Auf fast 400 Quadratmetern gibt unser neues Institut in Iserlohn, am Rande des Sauerlandes, nun bis zu zehn Menschen Arbeit. Moment: Arbeit? Nein! Ich kann mit großem Stolz sagen, dass mein Team genauso tickt wie ich. Wir lieben unseren Job als Coaches, und niemand von uns würde ihn gegen irgendeine Arbeit eintauschen.

Genau das empfehle ich auch jedem meiner Business-Coaching-Kunden: Erfolg, Wohlstand und Spitzenleistungen hängen nicht von Mühe, Disziplin und Anstrengung ab, sondern von deren emotionaler Bedeutung für den Menschen. Schuldgefühle, falsche Glaubenssätze, Bevormundungen und Ängste sabotieren erfolgreiches Lernen und Handeln, während Begeisterung, Leidenschaft und Zuversicht die *Autopiloten* für Erfolg und Wohlstand sind.

In diesem Sinne: Viel Spaß beim Erfolg!

Andreas Winter

Danke

Ich danke allen Menschen, die mich und meine Arbeit unterstützen, die mir Vertrauen schenken und meine Thesen kritisch prüfen. Ich danke meinen Klienten aus der ganzen Welt, die sich mir anvertrauen. Ich danke allen, die mich weiterbilden, inspirieren oder informieren. Danke an meine Leser, meine Zuhörer bei Vorträgen und an alle, die mit mir oder für mich arbeiten. Danke an meine Familie und meine Freunde! Mein Erfolg ist euer Verdienst!

Besonderer Dank gilt meinem Coachingteam Nina Henkel, Hans-Georg Hoffs, Katja Rosenbaum, Darius Sobhan-Sarbandi, Carina Steding-Rauch und meiner Sekretärin Pia Fluch.

Weiteren Dank möchte ich aussprechen an Raphael Mankau, der mich nun seit über zehn Jahren schon wie ein Freund begleitet und dessen Arbeit mein Leben verändert hat! Danke an sein starkes und sympathisches Verlagsteam und allen, die an der Verwirklichung dieses Buches mitgewirkt haben. Ebenso danke ich meinem Lektor Josef Pöllath für seine gründliche und kritische Arbeit, die dem Lesefluss meines Textes sehr gut getan hat. Ganz lieben Dank an Kilta Angela Kuchenmüller für die Coverzeichnung und die damit verbundene Spontaneität und Geduld!

Insbesondere danke ich Dieter Broers, Vera Brandes und Oliver Gerschitz sowie Prof. Dr. Dr. sc. Dietmar Theo Cimbal für deren hilfreiche Unterstützung.

Danke an meine Partnerin Andrea Flori für ihre geduldige und kluge Hilfe. Herzlichen Dank auch an Katharina Winter und an Ute Max, die mich beide mit Ihrem Erfahrungsschatz sehr bereicherten.

Danke an Jens Pögel, der die Idee zu diesem Buch hatte.

DANKE

In Dankbarkeit Dietlinde Winter gewidmet. Du bist auch nach deinem Tod für mich eine wundervolle Mutter! Ich spüre, dass du nicht weg bist!

Danke an meinen Vater Ernst Winter, der mir als Kind schon beigebracht hat, dass ich nichts muss, alles darf, aber auch alles selbst verantworte.

Anmerkungen

1   Alle in diesem Buch genannten Namen sind aus Datenschutzgründen geändert.

2   Die Spanne der Schwangerschaftsdauer reicht von 208 Tagen, also 29 Wochen und 5 Tagen, bis zu 281 Tagen, das sind 40 Wochen und 4 Tage.

3   Siehe dazu *Rumpel, Kristina Marita:* „FlowBirthing – Geboren aus einer Welle der Freude". Mankau Verlag 2015

4   www.sanoson.at

5   Diese Technik beschreibe ich ausführlich in meinem Buch „Heilen durch Erkenntnis". In diesem befindet sich eine Audio-CD mit einem Coachingprogramm, mit dessen Hilfe man diese Analyse selbst durchführen kann.

6   Eine wirksame Super-Sleeping-Induktion finden Sie auf meiner Audio-CD „Müssen macht müde – Wollen macht wach", erschienen im Mankau Verlag.

7   Siehe auch *Janov, Arthur:* Vorgeburtliches Bewusstsein. Das Geheime Drehbuch, das unser Leben bestimmt. Scorpio Verlag 2011

8   Es gibt hierzu ein sehr gutes Interview des österreichischen Journalisten *Tarek al Ubaidi* auf www.cropfm.at; hier auf youtube: www.youtube.com/watch?v=HT95IhruilE

9   Warum Sie im eigentlichen Sinn nicht erfolglos sein können, sondern Ihre Handlungen immer eine Folge dessen sind, was Sie denken und empfinden, beschreibe ich in meiner Audio-Coaching-CD „Der Berg des Lebens" aus der „Power-Box: Entdecke dein Selbst!" (Mankau Verlag).

10 Mehr dazu im Buch von Professor *Dr. med. Jörg Spitz/ William B. Grant, Ph.D.:* Krebszellen mögen keine Sonne. Vitamin D – der Schutzschild gegen Krebs, Diabetes und Herzerkrankungen. Mankau Verlag, 3. Auflage 2017.

11 In meinem Buch „Heilen ohne Medikamente" (erschienen im Mankau Verlag) habe ich diese Zusammenhänge ausführlich beschrieben.

12 Hierzu gibt es von mir eine DVD mit dem Titel „Schülercoaching – von fünf auf zwei in einem Halbjahr". Erhältlich im Online-Shop: www.andreaswintershop.de

13 Eine ausführliche Analyse zum Thema Rauchen finden Sie in meinem Taschenbuch „Nikotinsucht – die große Lüge", erschienen im Mankau Verlag.

14 Ich halte die Organisation von Gruppen von Lebewesen grundsätzlich für sinnvoll, wie etwa beim Schwarm, Rudel oder bei einer Herde. Menschliche Naturvölker sind teilweise sehr hierarchisch organisiert. Sobald aber artfremdes, gar schädigendes Verhalten gefördert und artkonformes Verhalten zugunsten eines eigennützigen Ziels seitens der Organisatoren sanktioniert wird, bezeichne ich dies als „politisch".

15 Dieses und weitere Fallbeispiele zum Thema Alkoholkonsum finden Sie in meinem Ratgeber „Der Geist aus der Flasche. Alkohol – Genuss statt Muss!" (Mankau Verlag)

16 Diese Technik beschreibe ich in meinem Buch „Heilen durch Erkenntnis". Mit der dem Buch beiliegenden CD hat der Leser die Möglichkeit, im Selbstcoaching die Technik anzuwenden.

17 Noch genauer gehe ich auf das Thema Partnerwahl in meinem Buch „Artgerechte Partnerhaltung" im Kapitel „Wir heiraten unsere Eltern" ein, erschienen im Mankau Verlag.

18 Wie Sie Ihre Angst vor Kontrollverlust loswerden, erkläre ich Ihnen auf meiner Audio-CD „Was deine Angst dir sagen will", erschienen im Mankau Verlag.

Ausbildung zum Gesundheitsberater

Wenn Sie nach Lektüre dieses Buches davon überzeugt sind, wie leicht es ist, stressbedingte Symptome zu behandeln, wäre es vielleicht interessant für Sie, mit Ihrem Wissen anderen Menschen zu helfen. In einer kurzen, aber intensiven Schulung erlernen Sie von mir persönlich nicht nur, wie Sie Ursachen aufdecken, analysieren und emotional unschädlich machen, sondern auch alles, was Sie brauchen, um damit beruflich arbeiten zu können. Hunderte von Quereinsteigern und psychologisch interessierten Laien ist es gelungen, mit dem passenden Ansatz und Werkzeug anderen Menschen zu helfen, erfolgreich und in sehr kurzer Zeit stressfester zu werden.

Den Fahrplan zur Ausbildung als Gesundheitsberater finden Sie unter **www.andreaswinter.de**.

Haben Sie Fragen an Andreas Winter?
Anregungen zum Buch?
Erfahrungen, die Sie mit anderen teilen möchten?

Nutzen Sie unser Internetforum:
www.mankau-verlag.de/forum

Zum Autor

Der Diplom-Pädagoge Andreas Winter (geb. 1966) ist Gründer und Leiter des Institutes Andreas Winter Coaching in Iserlohn. Seit 1987 arbeitet er mit Tiefenpsychologie sowie mit therapeutischer Hypnose, seit 2004 bildet er Hypnosetherapeuten aus; seine Klienten kommen aus ganz Europa. Andreas Winter ist Mitglied der Gesellschaft Deutscher Naturforscher und Ärzte.

Mit seinen Büchern will Andreas Winter die breite Öffentlichkeit von seinen wissenschaftlichen Erkenntnissen profitieren lassen. Seine Ratgeber behandeln Gesundheitsthemen aus tiefenpsychologischer Sicht und zeigen dem Leser neue, bislang oft übersehene Aspekte: Welchen Einfluss hat die Psyche wirklich auf Ihren Körper? Welche Macht hat Ihr Unterbewusstsein über Ihr Leben? Winters Psychocoach-Ansatz umfasst die Techniken der tiefenpsychologischen Analyse, Elemente der Neurolinguistischen Programmierung (NLP) und das Arbeiten mit bildhaften Vorstellungen.

Internetseite des Institutes Andreas Winter Coaching:
www.andreaswinter.de

Internetforum mit Andreas Winter:
www.mankau-verlag.de/forum

Weitere Informationen zu diesem Buch finden Sie
auf der Internetseite:
www.wollenmachtwach.de
Dort finden Sie auch eine Übersicht über psychologische
Coaches aus dem deutschsprachigen Raum.

Weitere Bücher von Andreas Winter

Heilen durch Erkenntnis
Die Intelligenz des Unterbewusstseins
Mit Audio-CD
ISBN 978-3-938396-68-1

Abnehmen ist leichter als Zunehmen
Taschenbuch
ISBN 978-3-86374-370-3

Abnehmen ist leichter als Zunehmen
Das 10-Tage-Programm
Kompakt-Ratgeber
ISBN 978-3-86374-126-6

Was deine Angst dir sagen will
Blockaden verstehen und
überwinden. Mit Extra-Tipps
gegen Panikattacken
ISBN 978-3-86374-323-9

Anti-Aging
Warum es so einfach ist, jung zu
bleiben!
Mit Starthilfe-CD
ISBN 978-3-938396-22-3

Artgerechte Partnerhaltung
Lieben ohne Stress
Mit Audio-CD
ISBN 978-3-86374-136-5

Der Geist aus der Flasche
Alkohol – Genuss statt Muss!
Mit Starthilfe-CD
ISBN 978-3-938396-17-9

Nikotinsucht – die große Lüge
Warum Rauchen nicht süchtig macht
und Nichtrauchen so einfach sein
kann!
ISBN 978-3-86374-080-1

Zielen – loslassen – erreichen!
Wie Sie Ihr Gehirn auf Erfolg
einstellen
Mit Starthilfe-CD
ISBN 978-3-938396-32-2

Zu viel Erziehung schadet!
Wie Sie Ihre Kinder stressfrei
begleiten
Mit Starthilfe-CD
ISBN 978-3-938396-36-0

Audio-CDs von Andreas Winter

Abnehmen ist leichter als Zunehmen.
Das Abnehm-Choaching
Hören Sie sich schlank!
2 Audio-CDs, Laufzeit ca. 113 Min.
ISBN 978-3-938396-75-9

Abnehmen ist leichter als Zunehmen.
Das Hörbuch
Mit Starthilfe- und Begleitcoaching
2 Audio-CDs, Laufzeit ca. 133 Min.
ISBN 978-3-86374-373-4

Was deine Angst dir sagen will.
Blockaden verstehen und
überwinden. Audiocoaching mit
Selbsthypnose-Anleitung
1 Audio-CD, Laufzeit ca. 70 Min.
ISBN 978-3-86374-332-1

Müssen macht müde –
Wollen macht wach!
Hörbuch mit Motivationscoaching
2 Audio-CDs, Laufzeit ca. 150 Min.
ISBN 978-3-86374-445-8

DVDs von Andreas Winter

Abnehmen ist leichter als Zunehmen
Das Live-Event
Film-Mitschnitt aus dem Kongress-
haus Zürich vom 15. März 2012
2 Film-DVDs im Digipack
ISBN 978-3-86374-067-2

Heilen durch Erkenntnis
Das Winter-Coaching: Unterwegs
zum Verständnis unserer Psyche
Film-Mitschnitt der Vortragstour
„Denkst Du anders, lebst Du anders"
im März 2013 – 1 Film-DVD
ISBN 978-3-86374-116-7

Power-Box
Entdecke dein Selbst!
3 Audio-CDs mit Mookait-Edelstein
als NLP-Kraftanker
Inkl. Bonus-DVD „Zielen – loslassen –
erreichen!"
ISBN 978-3-938396-44-5

Stichwortregister

Doris Kirch

ANTI-STRESS-BOX (5 AUDIO-CDS)

Entspannen und meditieren. Anleitungen
und Übungen für jede Lebenslage

UVP 29,95 €
ISBN 978-3-938396-40-7

„Gut nachvollziehbare Anleitungen und die angenehme Stimme von Doris Kirch machen dem Stress schnell den Garaus."
Hannoversche Allgemeine Zeitung

„Auftanken, entspannen, zur Ruhe kommen, Sand unter den Füßen spüren ... Urlaubsgefühl. Das kann man jeden Tag genießen: mit den Meditationen von Doris Kirch (...) – locker bleiben kann gelernt werden."
praxis+recht

Prof. TCM (Univ. Yunnan) Li Wu

HERZ-MEDITATION (AUDIO-CD)

Mit einer Einführung von Li Wu

UVP 12,95 €
ISBN 978-3-938396-71-1

Die Herz-Meditation ist eine spirituelle Technik, die in früherer Zeit nur durch mündliche Überlieferung weitergegeben und von den chinesischen Schamanen geheim gehalten wurde. Sie stärkt die Kraft, seelisch, geistig oder spirituell miteinander zu verschmelzen und zugleich dem Objekt der Liebe die Freiheit zu geben, es nicht zu vereinnahmen oder in Besitz zu nehmen – es nur zu lieben. Nach einer gewissen Übungszeit werden Sie erleben, wie sich Energie in Ihr Herz ergießt und von hier aus in alle Körperteile lenken lässt. So können Sie die Herz-Meditation auch jederzeit für eine Heilbehandlung einsetzen.

Prof. TCM (Univ. Yunnan) Li Wu

LIEBESMEDITATION (AUDIO-CD)

Mit einer Einführung von Li Wu

UVP 12,95 €
ISBN 978-3-86374-188-4

Die Liebesmeditation bedient sich verschiedener Techniken des Qi Gong und der Bittentherapie, wie sie in der Traditionellen Chinesischen Medizin seit über 3.000 Jahren praktiziert werden. Ausgehend vom kontrollierten Atem geht es in der Liebesmeditation um die innere Sammlung, bei der Körper, Geist und Seele eine deutliche Stärkung erfahren. Die Liebesmeditation hilft uns ferner, wieder zu unserem Ursprung, zu unserer Mitte zu finden. Sie stärkt die Kraft, seelisch, geistig oder spirituell miteinander zu verschmelzen und dabei dem Objekt der Liebe die Freiheit zu lassen, es nicht zu vereinnahmen oder in Besitz zu nehmen – es nur zu lieben.

Dr. med. Daniel Dufour

DAS VERLASSENE KIND

Gefühlsverletzungen aus der Kindheit erkennen und heilen

14,95 € (D) / 15,40 € (A)
ISBN 978-3-86374-047-4

„Es ist ein wichtiges Buch für Betroffene und Therapeuten, weil es wie kein zweites den betroffenen Menschen zum allein Verantwortlichen erklärt und nicht den allwissenden Therapeuten und die Diagnose in den Mittelpunkt stellt."
Connection Special

„Viele Leser werden sich in den zahlreichen anschaulichen Fallbeispielen Dufours wiederfinden und ihre eigene Lebensgeschichte mit anderen Augen betrachten." Newsage

Bärbel Mechler

VON PSYCHOPATHEN UMGEBEN

Wie Sie sich erfolgreich gegen schwierige Menschen zur Wehr setzen

9,95 € (D) / 10,30 € (A)
ISBN 978-3-86374-123-5

„(...) Wenn auch du solche Typen in deinem Leben ertragen musst, (...) dann wird dieses Buch die Antwort auf Deine Probleme sein: Anhand vielfach bewährter, praxistauglicher Beispiele erklärt die Autorin, wie du die typischen Verhaltensmuster, mit denen sich diese ‚Quälgeister' selbst entlarven, erkennst und hinter ihre täuschende Fassade blicken kannst. Von galanten Schmeicheleien bis hin zu handfesten Konfrontationen bekommst du eine reiche Palette gezielter Methoden in die Hand, um dich effektiv aus der Opferrolle zu befreien." Wege

Anna Elisabeth Röcker

MEDITATION FÜR ALLE

Vier-Schritte-Programm zur Meditation und Achtsamkeitsübungen für jeden Tag. Mit Audio-CD

18,90 € (D) / 19,50 € (A)
ISBN 978-3-86374-230-0

„(...) Im Vorwort schreibt Anna Elisabeth Röcker, ihr sei während ihrer langjährigen Tätigkeit als Therapeutin klar geworden, wie wichtig es sei, so vielen Menschen wie möglich den Zugang zur Meditation zu vermitteln. Das tut sie auf gut strukturierte Weise. Das Praxisbuch unterscheidet zwei Bereiche: den Alltag als Übungsfeld zur Meditation und die tägliche Meditationspraxis nach bestimmten Regeln. Dazu liefert sie eine einfache Anleitung in vier Schritten, die sich gut zum Einsteigen eignet. (...)" Yoga!